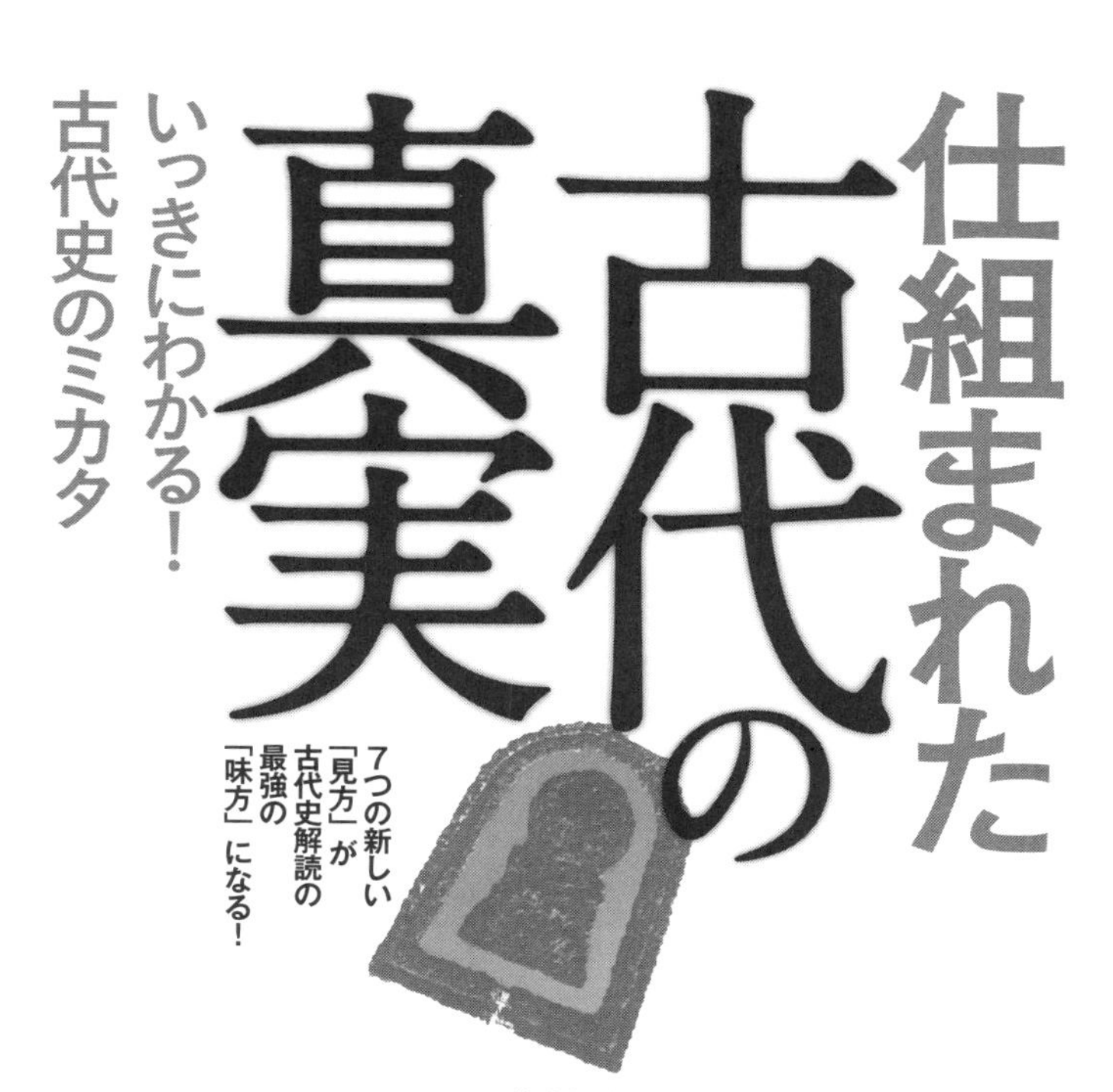

仕組まれた古代の真実

いっきにわかる！
古代史のミカタ

7つの新しい「見方」が古代史解読の最強の「味方」になる！

Yuji Seki
関裕二

装幀　杉本欣右
イラスト・図版作成　笹森識
DTP作成　サッシイ・ファム
企画編集担当　湯浅勝也
編集協力　荻野守（オフィスON）

◎……はじめに

本当の古代史とその後の真の日本史がわかる入門書

日本人は不幸だ。日本史の真相を知らずにいるからだ。

たとえば、千数百年間、日本人（日本列島人）は天皇（大王）を推戴してきたのに、天皇が何者なのか、教科書は教えてくれない。「天皇は権力者なのかどうか」さえ、明確な答えは出されていない。

こんなバカなことがあっていいのだろうか。

宗教についてもいえることだ。神道とはどのような信仰なのか、なぜ、仏教とごちゃ混ぜになってしまったのか、いまだに日本全国に神社が祀られているが、みな、なぜ、何となく拝み、おみくじを引くのか、説明はできないでいる。

理由は、はっきりとしている。古代史に謎が多すぎて正確な歴史を再現できないからだ。日本の出発点がよくわからないから、その後の通史も正確ではない。基礎工事が盤石(ばんじゃく)ではないのだ。

なぜ、日本史は出だしでつまずいているのだろうか。

「正確な記録が残っていないから」

というのが優等生的な答えだ。

しかし、これも「正確ではない」のだ。

古代史を解明する材料は、ほぼ出そろっている。それを史学者たちが、無駄にしているだけだ。答えは出せるのに、いくつものボタンのかけ違いをして、自ら墓穴(ぼけつ)を掘っているだけなのだ。

たとえば、現存する最古の正史(朝廷が正式に編(あ)んだ歴史書)『日本書紀』は、天皇家の正統性を証明し、業績を礼讃(らいさん)するために書かれたと決めつけるが、ここで、すでにワナにかかっている。

『日本書紀』が編まれた時に実権を握っていたその実力者こそ、真の『日本書紀』

編纂（へんさん）の立役者であり、彼らが一族の正統性を証明したにすぎない。

ここがわかれば、これまで解（と）けなかった古代史の謎、ヤマトの成り立ち、天皇の正体は、あっけなく解き明かすことができる。

古代史の解明は趣味や道楽ではない。現代史を知るためにも欠かせない知識だ。そして、全世界に向けて日本人の信仰と発想を説明するためにも、古代史は必要なのだ。

この本は古代史とその後の日本史の真の知識を得るための入門書だが、知識だけではなく、この先を生き抜くための知恵にもなるものと自負している。

歴史は、大きな未来への道しるべでもあるのだ。

関　裕二

これだけは知っておきたい

古代史年表

時代	年	主な出来事
旧石器時代	約4万年前頃	ホモサピエンスの一部が日本列島に到達
縄文時代	16000年前頃	縄文時代の始まり
弥生時代	紀元前10世紀後半頃	弥生時代の始まり
	57	倭の奴国王が後漢に朝貢。光武帝が金印を授与（『後漢書』東夷伝）
	184頃	倭国大乱。邪馬台国の卑弥呼を倭国王に共立（「魏志倭人伝」）
	239	卑弥呼が魏に遣使。「親魏倭王」の称号を得る（「魏志倭人伝」）
	248頃	卑弥呼没。男王立つも治まらず、台与が女王に（「魏志倭人伝」）
	3世紀後半頃	纒向、箸墓古墳（前方後円墳）が出現。 近江と伊勢湾沿岸部から前方後方墳出現
	404	倭が高句麗に敗北（高句麗広開土王［好太王］碑

※「魏志倭人伝」は略称であり、正式には『三国志』「魏書」第三十巻烏丸鮮卑東夷伝倭人条という。

時代	年	元号	出来事
古墳時代	527		磐井の乱
古墳時代	538		仏教伝来（552年説あり）
古墳時代	586		蘇我馬子、物部守屋を滅ぼす
飛鳥時代	593		聖徳太子（厩戸皇子）、摂政に
飛鳥時代	645	大化元	中大兄皇子・中臣鎌足ら、蘇我蝦夷・入鹿らの蘇我本宗家を滅ぼす（乙巳の変）。難波に遷都
飛鳥時代	661	斉明7	百済救援のため、斉明天皇ら九州朝倉宮に移る。斉明天皇崩御
飛鳥時代	663	天智2	白村江の戦い。百済滅亡
飛鳥時代	672	天武元	壬申の乱。勝者、大海人皇子（天武天皇）が都を飛鳥に戻す
飛鳥時代	701	大宝元	大宝律令制定

これだけは知っておきたい 古代史年表

時代	年		主な出来事
奈良時代	710	和銅3	平城京に遷都
	712	和銅5	『古事記』成立
	720	養老4	『日本書紀』成立
	729	天平元	長屋王の変。光明子が皇后に
	740	天平12	藤原広嗣の乱。聖武天皇、関東行幸
	743	天平15	墾田永年私財法施行
	752	天平勝宝4	東大寺大仏開眼供養
	764	天平宝字8	恵美押勝の乱。孝謙上皇重祚(称徳天皇)

時代	西暦	年号	出来事
平安時代	794	延暦13	平安京に遷都
平安時代	802	延暦21	東北蝦夷の首長・阿弖流為、坂上田村麻呂に降伏
平安時代	901	延喜元	菅原道真、大宰府に左遷
平安時代	939	天慶2	平将門の乱
平安時代	1016	長和5	藤原道長、摂政に
平安時代	1086	応徳3	白河上皇、院政開始
平安時代	1156	保元元	保元の乱
平安時代	1159	平治元	平治の乱
平安時代	1185	文治元	壇ノ浦で平家滅亡
鎌倉時代	1192	建久3	源頼朝、征夷大将軍に

仕組まれた古代の真実 ――いっきにわかる! 古代史のミカタ――……◉目次

【第一章】古代から読み解く古代の真実……前方後円墳とヤマト建国の謎

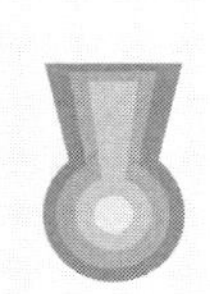

【第二章】縄文から読み解く古代の真実……縄文人と現代人はつながっていた！

【第三章】天皇から読み解く古代の真実……天皇と縄文の海人との意外な関係

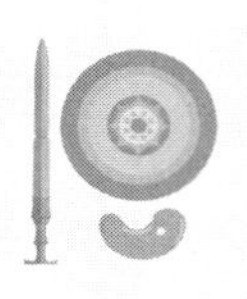

【第四章】女性から読み解く古代の真実……古代は女性が牛耳っていた！

【第五章】記紀から読み解く古代の真実……『古事記』と『日本書紀』、そして『万葉集』の秘密

【第六章】神社から読み解く古代の真実……神社と豪族はどう関わっていたか

【第七章】事件から読み解く古代の真実……事件はこうして歴史をつくった

Kodaishi no Mikata
古代史のミカタ

第一章

古墳から読み解く古代の真実

……前方後円墳とヤマト建国の謎

古墳がわかれば、ヤマト建国の歴史もわかる

なぜ、古墳の話から始めるかというと、ブームだからではない。古墳がわかれば、ヤマト建国の歴史がわかるからだ。

弥生時代の終わり、三世紀初頭に、ヤマトの三輪山麓（奈良県桜井市）の纒向に人々が集まり、ヤマトの中心となる都市が生まれた。その中に前方後円墳の箸墓（箸中山古墳～三世紀後半以降）が生まれ、四世紀になると、この新たな墳墓が各地に伝播し、埋葬文化を共有するゆるやかなつながり（支配と被支配の関係ではない）の連合体が出現した。これがヤマト建国なのだ。

前方後円墳（古墳の一つ）は、ヤマト建国のシンボルだったし、前方後円墳は六世紀末から七世紀初頭までの約三百年間造られ続けていく。これが、いわゆる「古墳時代」なのだ。

▲纒向古墳群の中の箸墓古墳全景（右が前方部、左が後円部）

◎箸墓古墳の全体像

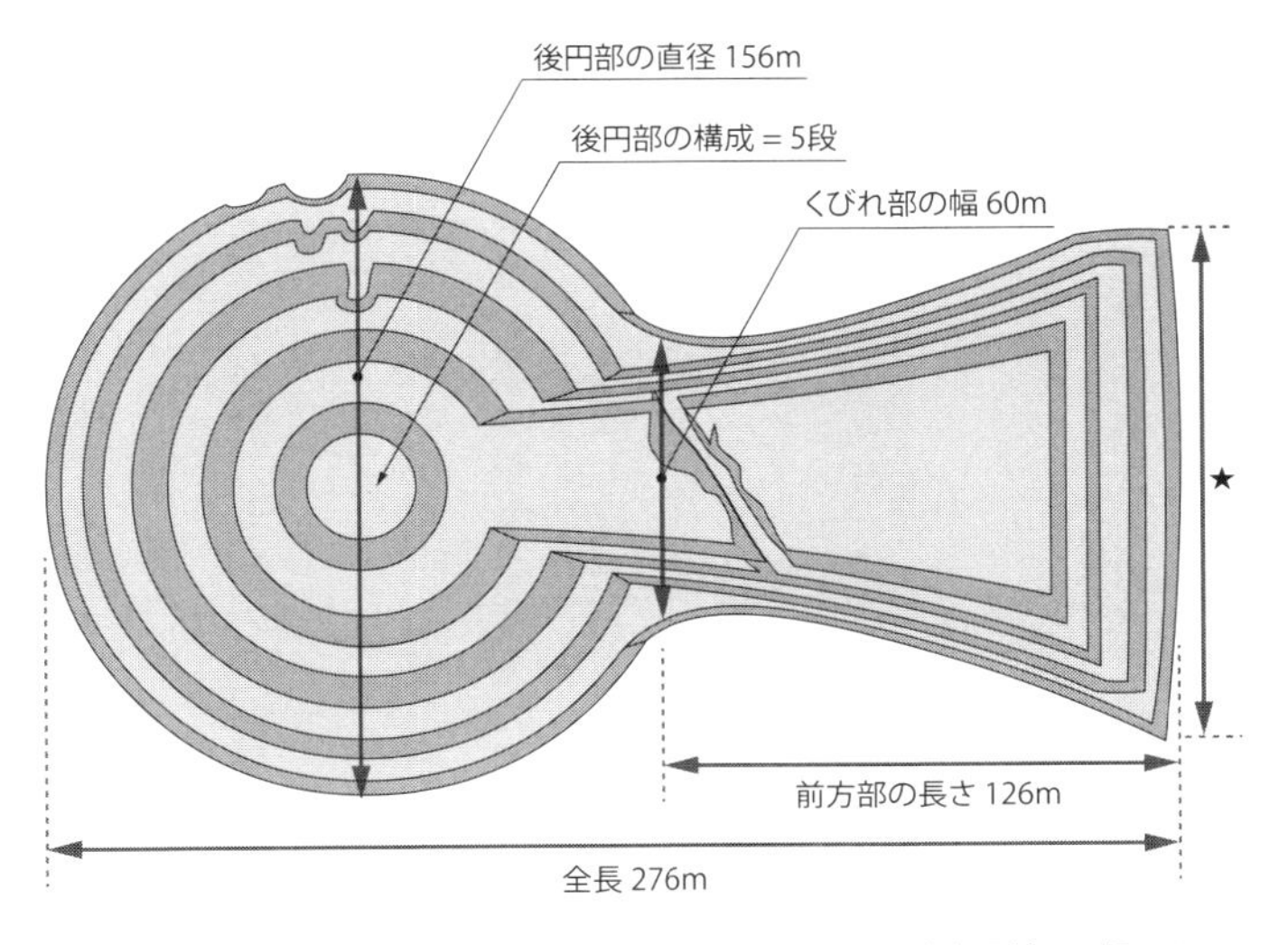

★ 前方部最前面の幅 132m

ただし、ここで大きな謎が浮かぶ。『日本書紀』では、「初代神武天皇は九州からヤマトにやって来た」といっている。だから、邪馬台国北部九州論者は、「邪馬台国が東に移ってヤマトは建国された」と考えた。ところが、纒向に九州の土器はほとんどやって来ていない。

これまで、先進の文物は九州から東に流れると信じられていた。ところが、ヤマト建国に、九州は参画していない。それどころか、考古学は「ヤマト建国の前後、人の流れは東から西の、逆になっていた」ことをあきらかにしている。近畿地方から九州に向かって、人が流れ込んでいた。なぜ、それがわかるかというと、この時代、人々は土器を背負って旅をしていたからだ。

東の土器が北部九州にどんどん流れ込んでいたのは、なぜか。ここで何が起きていたのだろうか。

纒向にもたらされた外来系土器は三割弱あり、その内訳は以下の通り。東海四九%、山陰・北陸一七%、河内一〇%、吉備七%、関東五%、近江五%、西部瀬戸内三%、播磨三%、紀伊一%。東海地方と関東を合わせれば、過半数にのぼっている。

◎四隅突出型古墳

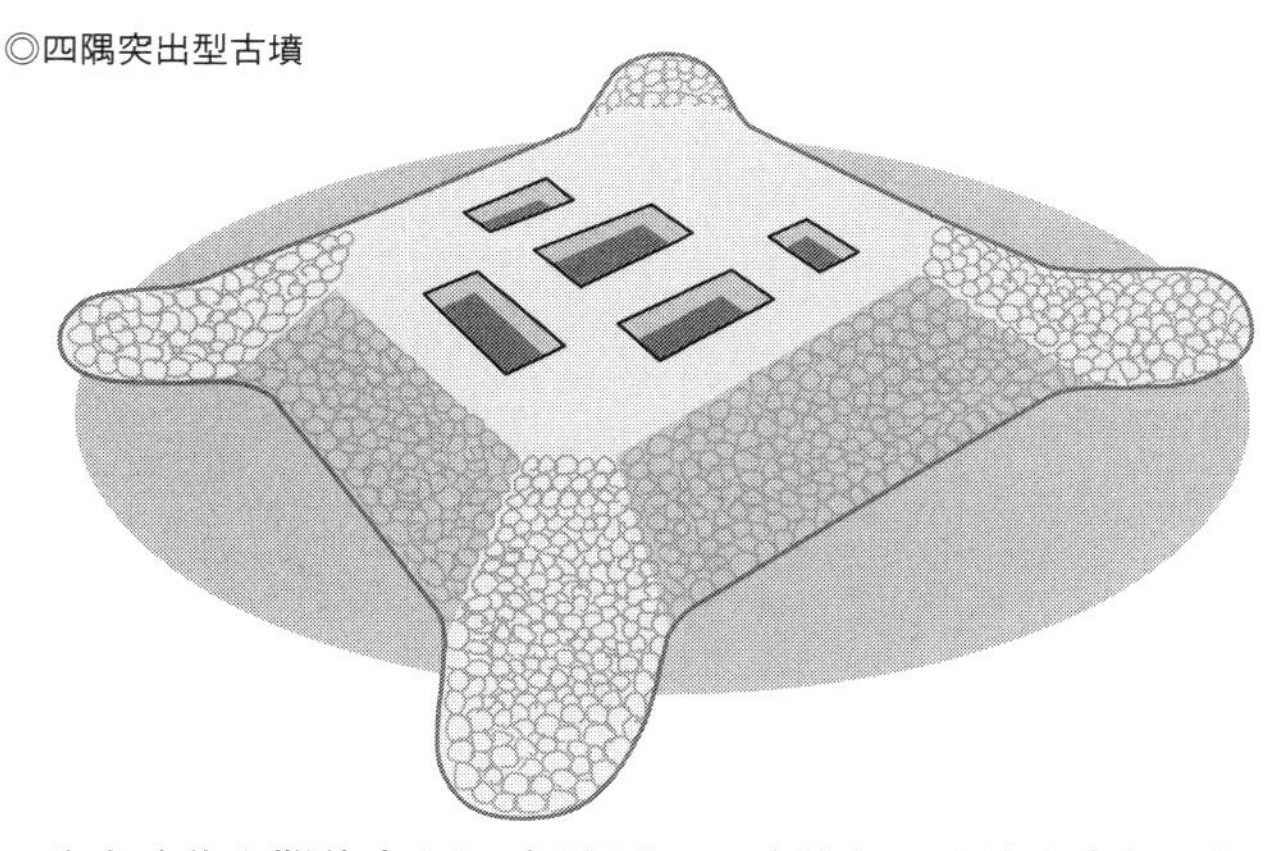

弥生時代中期後半から、出雲などの日本海側の山陰地方を中心に見られた墳丘墓。ヒトデのように飛び出した四隅に小石を施した独特な形をしている。

ヤマト建国に東国が一肌脱いでいたことがわかる。これは意外な数字だ。

それだけではない。前方後円墳も、複数の地域の埋葬文化を寄せ集めて造られている。墳丘上に並べられる特殊器台形土器や特殊器台形壺は吉備（岡山県と広島県東部）から、また墳丘をおおう葺石は出雲（島根県東部）で発達した四隅突出型墳丘墓の貼石から、そして前方後円墳のまわりの周濠は近畿地方の方形周溝墓から、それぞれ採用されたのではないかと考えられている。

ところで、前方後円墳という不思議な形は、どうしてでき上がったのだろうか。初めは円墳だったが、これが発展して前方後円墳になったとする説が有力視されている。

まず、古代人は、円墳のまわりに溝を掘ってみた。こちらとあちら（円墳）の世界を区切る境界線を用意したのだ。

ところが、これだと実際問題として、参拝するのに不便だ。そこで、こちらとあちらを渡す土盛りをした。そこが通路になったわけだが、これが前方後円墳の「前方部」に発展したというわけだ。

ヤマトは誰が建国したか

誰が、なぜ、どのようにして、ヤマトを建国したのだろうか。

纒向遺跡の発見と発掘調査によって、多くのことがわかってきた。大切なことは、**一人の強い王がヤマトに乗り込んで、征服したわけではなかった**ということなのだ。

前方後円墳に最も強い影響を与えたのは、祭祀に用いる特殊器台形土器を持ち込んだ吉備とされているが、だからといって、吉備がヤマトを単独で支配したわけではない。

前方後円墳は巨大だから、古墳時代の王（大王、天皇）が強大な権力を握って民を支配し、酷使していたかのような印象を受けるが、これも間違いだ。理由は、これから説明する。

まず、無視できないのは、纒向に集まってきた外来系土器の分布域だ。これは、弥生時代の銅鐸文化圏とほぼ重なっている。

銅鐸は、朝鮮半島からもたらされた銅鈴が起源だ。小ぶりなカウベル（牛の首につける鈴）のような大きさで、音を鳴らすものだった。

弥生時代、青銅器は祭器として珍重された。北部九州から瀬戸内中部にかけて、銅矛や銅剣を王が手に入れ、威信財（権威を誇示する道具）になった。王や高貴な人たちの墓に副葬されもした。この場合、王は富を蓄えた権力者だ。

銅鐸文化圏では事情が異なる。銅鐸は巨大化し、一メートルを超える化け物銅鐸が出現した。これは、もはや見るための銅鐸だ。王や首長は、銅鐸を私有していないし、墓にも副葬していない。なぜ、銅鐸は巨大化していったのか。なぜ、銅鐸文化圏の

◎銅鐸

◀袈裟襷文銅鐸（東京国立博物館蔵、国宝）

◎銅鐸に刻まれた絵画の一例

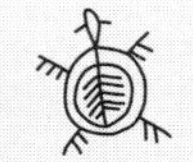

魚をくわえた亀

シカを射る人

魚をくわえた二羽の鳥

米をつく人

高床倉庫

工具を振る人

◎銅鐸のつくり方

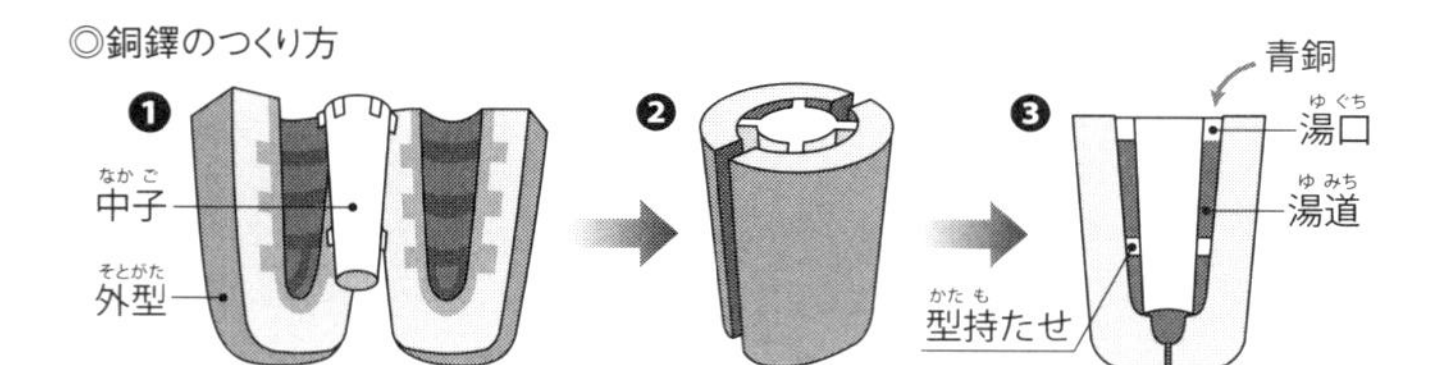

❶外型2つと中子1つの、合わせて3つの鋳型をつくる。外型に文字や絵を刻む。
❷外型を組み合わせて、中子を入れる。　❸湯口から、溶かした青銅を流し込む。

◎弥生時代の武器

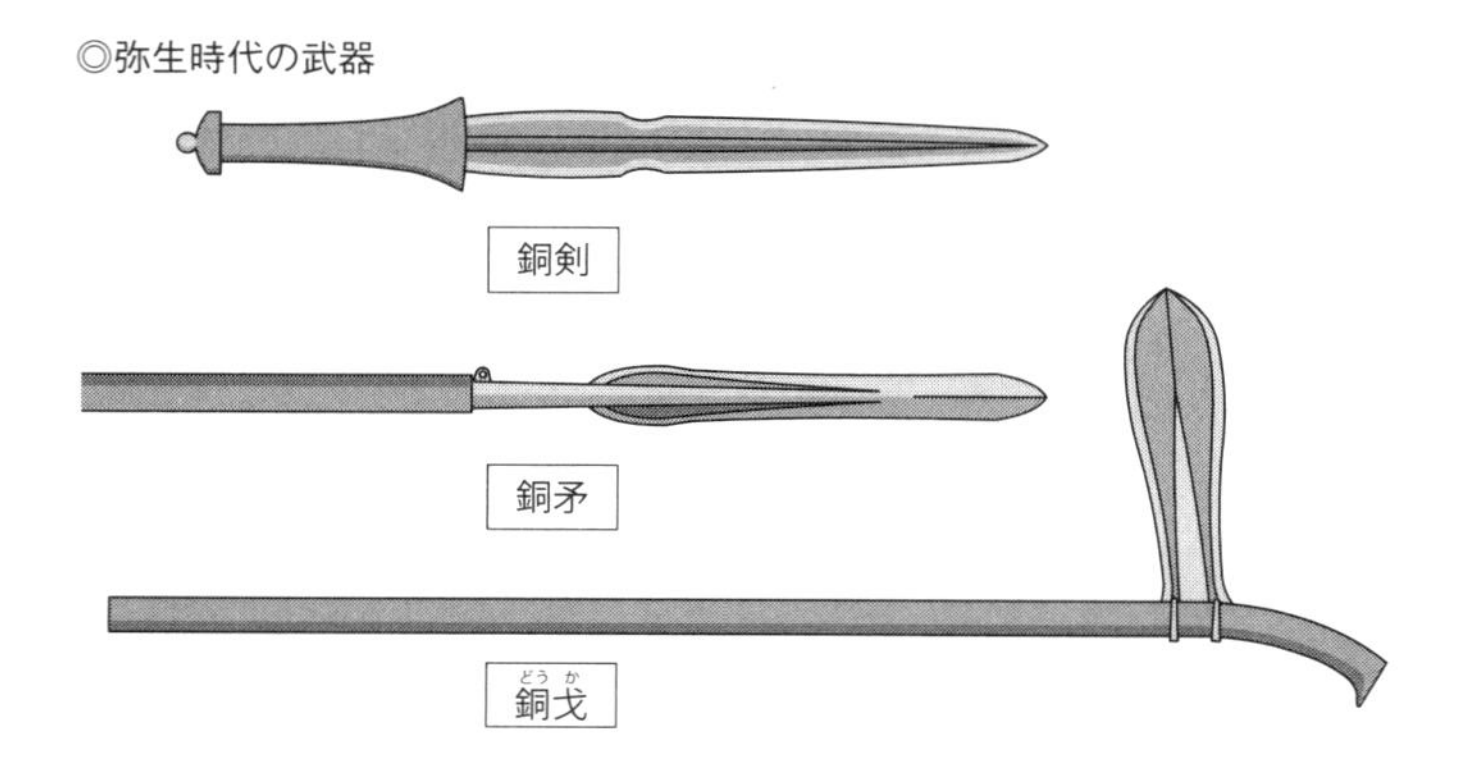

人々が集まって、ヤマトを建国したのか。

銅鐸は、集落を形成する全員の共有物で、祭りに用いられた可能性が高い。つまり、**銅鐸文化圏の人々は祭器（銅鐸）を巨大化することで、一人の王に富と権力が集中することを避けていた**ようだ。

ここに、大きな謎がある。

弥生時代後期の日本列島で、もっとも栄えていたのは、北部九州だった。朝鮮半島南部でとれる鉄を独占的に手に入れ、富を蓄えていた。近畿地方は鉄産出の過疎(かそ)地帯で、力の差は歴然としていた。

それにもかかわらず、なぜ、ヤマトは北部九州を出し抜いたのだろうか。大きな連合体の中心となる都市が出現したのは、なぜだろうか。しかも、銅鐸文化圏の人々が集まってきたことに、大きな意味が隠されていたのだろうか。

ヤマト建国直前の様子を、中国の歴史書は「倭国大乱(わこくたいらん)」と記録している。考古学的には、銅鐸文化圏に高地性集落が無数につくられ、緊張した時代があったことを裏づけている。

ところが、三世紀初頭に、纏向に人々が集まり、ヤマトが建国されると、なぜか一気に混乱は収(おさ)まったようだ。弥生時代の集落に備えられていた防衛のための環濠(かんごう)や城柵(じょうさく)が、纏向では見つかっていない。ここで、いったい何が起きていたのだろうか。

北部九州には防衛上のアキレス腱があった

まず、弥生時代後期の北部九州の動きに注目してみよう。富を蓄えた北部九州の首長たちは、鉄器の流通を制限するために、関門海峡を封鎖したのではないかとする有力な説がある。瀬戸内海の流通をおさえ、さらに出雲と手を組んで、日本海航路もおさえ、その見返りに、出雲と吉備に鉄を流したという。その通りだろう。この時期、出雲と吉備も急速に発展し、逆に、近畿地方は鉄の過疎地帯となっていく。

鉄をもつ利点とは、なんだろうか。「鉄は強力な武器」になることが一般的には注目される。確かに優位性はあるだろう。しかし、鉄の武器を手に入れただけで他を圧倒できたかどうかは未知数だ。

近世に至るまで、戦争の主役は弓矢で、黒曜石のヤジリの威力は鉄製のヤジリと同等か、場合によっては凌駕（りょうが）することが、実験で確かめられている。鉄器を得たからといって、大人と子どものケンカになるようなことはなかった。それよりも大きな意味を持っていたのは、農耕の効率を飛躍的に向上させたことなのだ。この結果、人口が増えて、地域の力が増す。これが大きかった。だから、他の地域に鉄を渡したくなかったのだ。

弥生時代後期の北部九州をつき動かしたもう一つの理由は、恐怖心だと思う。北部九州には、致命的な防衛上のアキレス腱（けん）があったからだ。東側の勢力が勃興（ぼっこう）して攻めてくれば、守りきることができないと危惧したのだろう。それが、筑後川（ちくごがわ）の上流に位置する日田盆地（ひたぼんち）（大分県日田市）なのだ。ここを奪われれば、わが世の春を謳歌（おうか）していた北部九州の沿岸地帯は、ウカウカしていられなくなる。正面の玄界灘（げんかいなだ）から攻められ、背後の日田から船団が筑後川を一気に下ってきたら、挟み撃ちに遭（あ）ってしまう。逆に、ヤマトの盆地は西側からの攻撃にすこぶる強い。だから、北部九州の首長たちはヤマトの発展を恐れたのだ。

　北部九州の策は的中したかにみえた。近畿地方から東が困窮してしまったからだ。しかし、思わぬ伏兵が現れたのだ。それが、日本海側の但馬(たじま)と丹波(たんば)（丹後(たんご)）だった。

　この時代、出雲は急速に発展し、巨大な四隅突出型墳丘墓を造営し、この埋葬文化を日本海に沿って広めていた。東隣り（鳥取県）に広まり、さらに、北陸に伝播した。ところが、その途中の兵庫県と福井県の西側（但馬と丹波）が歯抜け状態になっている。四隅突出型墳丘墓はスキップして伝わったのだ。

　鳥取県と兵庫県は、陸続きだが山は深く、リアス式海岸になっており、鳥取から東に進むには難儀したことだろう。人口が維持できる平地は豊岡(とよおか)平野だった。そこが但馬の中心で、ここは海からの攻撃にすこぶる強い天然の要害で、海人(あま)（海の民）の楽園だった。そして、ここと丹波が出雲の四隅突出型墳丘墓を拒否していたのだ。

　それだけならまだしも、但馬と丹波は独自の航路を開拓したのか、朝鮮半島から鉄などを近畿地方や近江にもたらしている。これは、考古学的に明らかになっていることだ。

要は、**但馬や丹波の活躍によって銅鐸文化圏が勢いづき、ヤマトの纒向に集まり、出雲と吉備を慌てさせたのだ。吉備はすぐ靡き、次に出雲がすり寄ってきて、ヤマトは完成したのである。**

北部九州の南にあった邪馬台国がなぜ、畿内になるのか

ヤマト建国後、多くの人々が西に向かったことは、すでに触れたが、彼らは奴国（福岡市）のあたりになだれ込み、また、日田盆地にも拠点を構えていたことがわかっている。まさしく、理にかなった戦略だ。北部九州の首長たちが最も懼れていたシナリオである。こうして、ヤマト建国は成功した。

逆に、北部九州沿岸部の首長たちは策に溺れて墓穴を掘ったとしかいいようがない。北部九州が鉄を携えてヤマトに移動し、共存を呼びかけていたら、このようなことは起きなかっただろう。

このように、考古学が掘り出した資料を丹念に調べあげれば、ヤマト建国のおよその見当はすでにつくようになった。しかし、いまだに「ヤマト政権の本質」、「王家の正体」を明示できないのはなぜだろうか。

簡単なことだと思う。邪馬台国論争がネックになっていたのだ。

「魏志倭人伝」（正式には『三国志』「魏書」第三十巻烏丸鮮卑東夷伝倭人条というが、本書では以下、「魏志倭人伝」と表記する）の記述をまとめておこう。

二世紀後半から三世紀にかけて、日本列島のどこかに、倭国の中心邪馬台国があって、女王卑弥呼が共立された。そして、三世紀半ばに卑弥呼が亡くなり、男王が立ったが混乱し、卑弥呼の宗女（一族の女）台与（壱与）が王に立てられ、平安が戻った。また、邪馬台国にたどり着くには、北部九州の沿岸地帯から南に水行（船で）二十十日、陸行（歩いて）一月かかるとある。卑弥呼の時代、「邪馬台国の南の狗奴国」と争っていたと記されている。これを信じれば、邪馬台国に北部九州沿岸部からみて南側の内陸部にあったことになる。

一方、考古学は、三世紀初頭に纒向に人々が集まり、三世紀半ばから後半に前方後

帯方郡から邪馬台国までの距離（「魏志倭人伝」より）

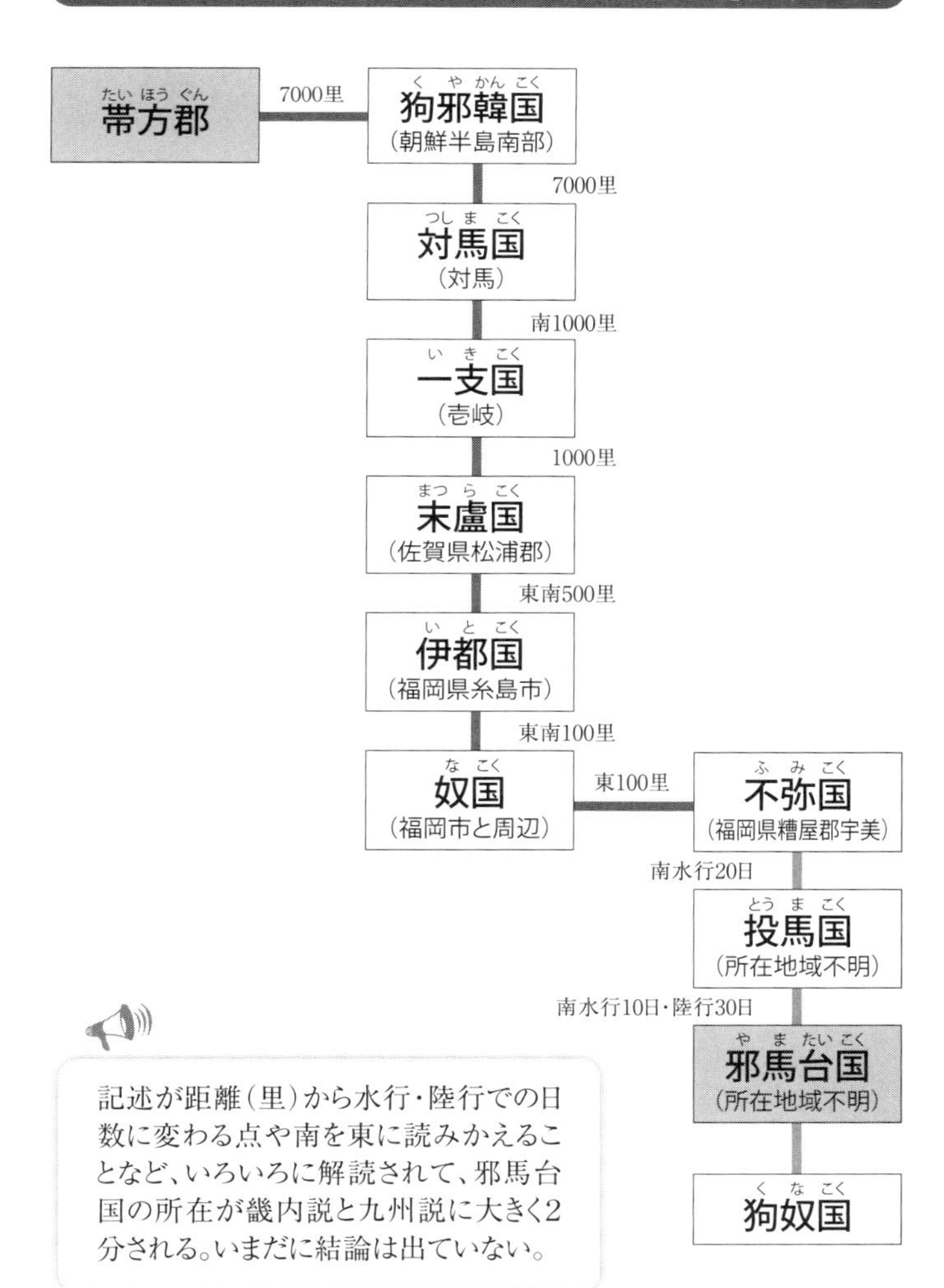

円墳が誕生したことをつきとめている。

したがって、「魏志倭人伝」に登場する邪馬台国はヤマトに違いないと、多くの学者は推理しているのだ。

では、「北部九州の南側」と書いてあったのに、なぜ、ヤマトが邪馬台国になるのだろうか。邪馬台国畿内論者は、「南は東を意味している」と解釈する。北部九州は朝鮮半島からみて南と書いてあるのに、なぜ、北部九州から先の南を東と読まなければならないのか、筆者には理解できないのだが、**問題は、邪馬台国の南に狗奴国があって敵対していたという記述から、「邪馬台国の南＝ヤマトの東」に狗奴国があったと読み直してしまったため、ヤマトの東側の近江や東海地方が、「狗奴国なのではないか」と疑われてしまったことにある。**

つまり、三世紀にヤマトと東側は敵対していたというのだ。そのため、纏向遺跡に東側から多くの土器が集まったのは、労働力として狩り出されたのだろう（奴婢か？）と推理してしまったのだ。これも、大きなボタンのかけ違えの一つだ。邪馬台国論争が、古代史解明の足かせになっているのである。

本当の邪馬台国はヤマトにあった?

ならば、邪馬台国をどう考えればよいのだろうか。

江戸時代の国学者・本居宣長は、本当の邪馬台国（ヤマト）は大和国（奈良県）にあったのに、北部九州の女王・卑弥呼が「われわれはヤマト（邪馬台国）からやって来た」と、中国の魏に偽って報告し、卑弥呼が親魏倭王の称号を獲得してしまったと推理した（偽僭説）。だから、「魏志倭人伝」の中で、邪馬台国は北部九州の沿岸部から南側にあったと記されたということになる。

▲江戸時代の国学者であり文献学者でもあった本居宣長（吉川義信・画）

じつは、ここで邪馬台国論争は終わってい

たと思う。**繁栄を誇っていた北部九州だったが、発展を阻止しようとしていたヤマトに多くの地域の人々が集まり、脅威となった段階で外交戦に活路を見出そうとしたのだろう。そして、朝鮮半島に進出してきたばかりの魏にいち早く朝貢した……。**

本居宣長の仮説に従えば、卑弥呼の邪馬台国は弥生時代後期に最も栄えた北部九州沿岸部の奴国や伊都国（糸島市と周辺）ではなく、その南側の内陸部ということになる（「魏志倭人伝」にそのように書かれている）。おそらく、筑後平野だろう。そして、邪馬台国九州論者がいち押しする山門県（福岡県みやま市）や八女地域が最もふさわしいし、理にかなっている。いわゆる邪馬台国は、ここだろう。

しかし、この時、「本当のヤマト国（邪馬台国）」は、奈良盆地の東南の隅（纒向）にあったのだろう。そして、本当のヤマト国の人々は、嘘をついた偽の邪馬台国を潰すために、北部九州に押し寄せたのだろう。

すでに述べたように、北部九州の防衛上のアキレス腱は日田の盆地で、纒向遺跡誕生のあと、ここに近畿地方の土器が流入している。日田盆地は、東の勢力に奪われていたようだ。こうなった以上、東の攻撃に耐えられる場所は、一ヵ所しかない。それは、福岡県久留米市の高良山だ。筑後川と筑紫平野を見下ろし、東西に長い耳納山系の西のはずれで、敵に囲まれても兵站が切れない場所だ。しかも、西側の有明海方面からの攻撃にも対処できる。北部九州の諸勢力が都を置くとすれば、高良山を要塞化して盾にできる場所だ。それが、山門県や八女地方ということになる。

日田盆地と高良山の軍事的重要性は、戦国時代、近世に至っても変わらなかった。日田盆地は徳川幕府が楔を打ち込み、天領としている。第十五代応神天皇の母・神功皇后も九州征討を敢行し、最終目標は、「山門県の女首長を討ちとること」だった。磐井の乱（五二七年）の最終決戦は高良山麓で行なわれた。ヤマト政権に逆らう者は、常に高良山の影に隠れて戦っている。

元寇の際にも高良山は注目され、高良大神は、盛んに祀られ、戦勝祈願がなされ、元の大軍が退いたあとは、「天下の天下たるは、高良の高良たるが故なり」と称えられた。

高良山は、北部九州を支配する、軍事上のカナメであり、だからこそ、ヤマトに対抗していた北部九州勢力が内陸部の山門県に都を置いた可能性は、非常に高い。

九州の古墳が邪馬台国の謎を解く大きな鍵

ヤマトの土器が九州に流れ込んでいたことはすでに触れたが、前方後円墳も伝わっている。その分布圏が、邪馬台国北部九州説を裏づけている。山門県（邪馬台国）をじわじわと包囲するかのように広がっていったからだ。

まず、箸墓よりも古い型の前方後円墳（纒向型）が、北部九州沿岸部を中心に各地に伝播している。大分県国東市、福岡県小郡市、福岡市博多区、佐賀県唐津市、福岡県糸島市、筑紫野市、朝倉市（旧甘木市）、熊本県宇土市、鹿児島県薩摩川内市だ。注目したいのは、高良山や山門県の周辺にまったくなく、遠巻きに囲んでいることだ。

三世紀後半から四世紀にかけて、定型化した前方後円墳（畿内型古墳〜初期の前方後円墳から一歩進んだ様式が定まったもの）が出現するのは周防灘に面する豊国の一帯（福岡県東部と大分県）で、副葬品がヤマトとの強い関係を示している。ヤマトが九州を支配するための「拠点」と考えれば、辻褄が合う。

このあと、纒向型前方後円墳が伝わっていた地域に、定型化した前方後円墳が造られていく。四世紀後半には、旧伊都国の地域に一〇〇メートルを越える前方後円墳が出現する。

八女地方に前方後円墳が造られるようになるのは、五世紀前半までずれ込む。これが、石人山古墳（福岡県八女郡広川町／全長約一〇七メートル）だ。逆にいうと、五世紀前半に至るまで、山門県や八女地域で、前方後円墳は造られていなかったということだ。交通と軍事の要衝であるにもかかわらず、強い首長が出現しなかったのは、「邪馬台国の時代にヤマト政権と敵対していた地域（要は卑弥呼の邪馬台国ということ）」だったからだろう。これらの傍証は、本居宣長らが提案した「二つの邪馬台国」、「邪馬台国偽僭説」を裏づけていると思う。

また、**北部九州が東に移ってヤマトが建国されたというかつての常識は、もはや通用しなくなったのだ。考古学の物証は、「実際は逆だった」ことを語っている。**これは推理ではなく、客観的な事実なのだ。

前方後円墳体制を仕掛けたのは王家ではなかった？

邪馬台国のありかにおおよその見当がついたところで、話は再びヤマトに戻る。強い王の発生を嫌う銅鐸文化圏の人々がヤマトを完成させたとはいえ、巨大前方後円墳をみると、やはりヤマトの王は、強大な権力を握っていたのではないかと思えてくる。黎明期の王に実権はあったのか、なかったのか。実権がなかったとしたら、誰がどうやって、ヤマトを治めていたのか、そこを明らかにしなければならない。

まず、ここで注目しておきたいのは、なぜ、巨大前方後円墳が約三百年近く造営されていったのか、ということだ。なぜ、民衆は反乱を起こさなかったのだろうか。

一つの理由は、古墳の造営が「お祭り」の要素をもっていたからではなかったか。諏訪の御柱祭のように、競って、喜び勇んで、民は祭りに参加していたように思えてならない。

『日本書紀』崇神十年九月条に、箸墓造営の物語が載っている。大物主神の妻となった倭迹迹日百襲姫命の墓を、昼は人が、夜は神が造った。大坂山（奈良県香芝市穴虫～二上山の北側）の石を民が手渡しで運んだ。そして、彼らは、「大坂から石を運ぶなど、不可能だと思っているだろう。いやいや、人が並んで運べば、不可能なことも可能になってしまうのだ」と、達成感を歌にしている。

また、世界遺産一覧表に記載されることが確実になった五世紀の「百舌鳥・古市古墳群（堺市、羽曳野市・藤井寺市）」も、世界最大級の墓として名を轟かせているが、周濠が治水の役割を果たしていたのではないかと考えられている。大いにあり得ることだ。一帯の古墳と古墳を「水の道」が結び、ネットワークを形成していたことがわかっている。水位の調整と大阪湾に水が流れ落ちる工夫がなされている。また、古墳は「ため池」の役割を担っていて、実際に古墳の周濠の水は現在でも農業用水として利用され、その権利は近隣の農協や農家が握っている。

もう一つ、前方後円墳に関して、気になることがある。古墳時代の三百年が、ある一族の盛衰とほぼ重なっていることだ。それが、古代最大の豪族物部氏である。

『日本書紀』には、初代神武天皇が九州からヤマトに乗り込んだ時、ニギハヤヒ（饒速日命）なる者が先に天から舞い降りていて、先住のナガスネビコ（長髄彦）の妹を娶って君臨していたとある。ニギハヤヒは物部氏の祖だ。

この時、ナガスネビコは神武のヤマト入りを拒み、兵を挙げて神武を追い払った。そこで、ニギハヤヒはナガスネビコを殺し、神武に恭順したという。

無視できないのは、古墳時代の終わりが、物部守屋の滅亡とほぼ重なっていることだ。蘇我馬子と仏教導入をめぐって争い、本拠地大坂で滅亡した。その頃から、前方後円墳は姿を消していく。

前方後円墳の原型は、吉備で生まれて、ヤマトに持ち込まれたと考えられている。その「吉備の原型」に、いくつかの埋葬文化が加えられ、前方後円墳が完成した。

そこで問題となるのが、ニギハヤヒの出身地だ。『日本書紀』は明示していないが、吉備からやってきたのではあるまいか。

根拠はある。物部氏は奈良盆地の西側の生駒山周辺を支配していた。瀬戸内海を支配するためであり、また、瀬戸内海の方向からヤマトに入ったからではなかったか。

また、物部氏の拠点だった八尾市付近から、三世紀の吉備の土器が見つかっている。ニギハヤヒは平和裡に神武天皇を迎え入れ、押し立てた。物部氏は、王家を支える最大豪族だったが、天皇（大王）は祭司王で、実質的にヤマトの政治運営を担っていたのは、物部氏だったのではあるまいか。

▲日本最大級の前方後円墳である「大山古墳」（国土交通省）〜これまで「仁徳天皇陵」と呼ばれていたが、実際の被葬者が不明のため、地名から名称が改められた。

つまり、**「前方後円墳体制」とは、吉備出身の物部氏が仕掛けた統治システムであり、だからこそ、物部守屋の滅亡とともに前方後円墳が造られなくなったのではないかと考える。**

物部氏は、「天皇よりも大きな前方後円墳を造ってはいけない」というルールを作り、天皇をおだて上げ、実権を握っていたのだろう。

【第一章】のここがポイント

ヤマト建国は謎めく。肝心の正史（朝廷の正式見解）である『日本書紀』の記述があいまいで、神話じみているからだ。しかも、邪馬台国論争ばかりに目が奪われているから、ヤマトの不思議な王家が生まれた真相にまで、たどり着けずにいたのだ。

ところが、考古学の調査と研究が進み、「ヤマト建国の前後に何が起きていたのか」は、おおよそ説明できるようになった。そして、意外な事実が明らかになってきた。それは、弥生時代後期に最も発展し富を蓄えていた北部九州がヤマト建国にほとんど携わっていなかったこと、ヤマト側から北部九州に人々が押しかけていたことだ。本当のヤマトが九州の邪馬台国を倒したと筆者は考える。

さらに、三世紀から四世紀にかけて、纒向遺跡（奈良県桜井市）に前方後円墳が出現し、これがヤマト建国のシンボルになっていたこと、この埋葬文化はいくつもの地域の寄せ集めだったことだ。**「古墳時代（前方後円墳体制）」は、吉備出身の物部氏が中心となって組み立てられた新たな統治システムだったのである。**

第二章

縄文から読み解く古代の真実

……縄文人と現代人はつながっていた！

縄文人は野蛮な原始人ではなかった？

今、「縄文」がブームだ。「ようやく？」という思いが強い。縄文時代は日本人の原点であり、しかも、輝いて見えるからだ。

たとえば、土偶は何千年も前に造られたとは思えないほど、美しく、その形のユニークさは現代アートも顔負けだ。

縄文土器も、独特な世界観を醸し出している。装飾をこらした緻密な造形美には、ため息しか出てこない。これらは、信仰と大いに関わっていたと思われるが、芸術品としても一級だ。

縄文人の「毛皮を着て石の武器を持ち、獣を追い求めてさまよっていた原始人」というイメージは、すでに覆されつつある。

そもそも、縄文時代とはなんだろうか。

◎新人の移動ルート

人類の祖先は、アフリカで誕生した。そして、ホモサピエンス（新人）の一部は、八万年前から六万年前、アフリカを飛び出し、いくつものルートをたどって、約四万年前、日本列島に到達している。

彼らは、旧石器人と呼ばれている。旧石器とは「打製石器」のことで、黒曜石（ガラス質）などの石を叩いて割り、刃物として利用した。切れ味は抜群で、捕獲した獲物をさばく時も、重宝したはずだ。

旧石器時代の次が、一万六千年ほど前に始まる新石器時代で、別名を縄文時代という。ちなみに、旧石器人と新石器人が交代したわけではない。

また、旧石器人は大きく二回に分けて、違う方向と時代に日本列島に流れ込んでいたようだ。そのため、関東の旧利根川から碓氷峠を越えて信濃川に沿ったラインの東西に、二つの温度差がある文化圏が誕生していた。

新石器は「磨製石器」で、石を磨いて刃物にする。たとえば、石斧は樹木を伐採するのに絶大な威力を発揮した。木材を用意し、建築をし、船を造る効率が上がったのである。

そして、**新石器人たちは土器を造り始めた。これが世界最古級の縄文土器なのだ。**

明治十年（一八七七）に来日したアメリカの動物学者モースが大森貝塚を発見し、発掘した土器の紋様を「cord mark」と呼び、これが「縄紋（文）」の名称につながった。

土器が画期的だったのは、「煮る調理」が可能になったことで、それまで食用にならなかった固くて毒があるものも、食べられるようになった。日本料理が「煮る料理」を得意としているのは、縄文時代から続く伝統と考えられている。

縄文人は世界の狩猟採集民と比べて、格段に栄養価の高い食料を摂取していたことがわかっている。すでに、虫歯にも苦しんでいたようだ。

◎縄文土器の変遷

●草創期（16000年前～11000年前）
タイプ＝丸底深鉢

豆粒文様や貝殻でつけた爪型文様、縁に粘土のひもを貼りつけた隆起線文様など、土器の一部に単純な文様がつけられた。

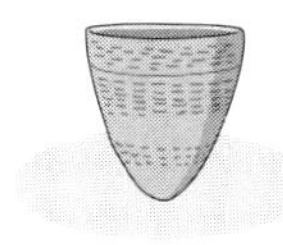

●早期（11000年前～7000年前）
タイプ＝尖底深鉢

彫りの入った棒や、糸を巻きつけた棒を転がして、土器全体に文様をつけた。底の先を尖らせて、地面に刺して使った。

●前期（7000年前～5500年前）
タイプ＝平底深鉢

表面の模様が複雑になった。底が平らになり、円錐形だけでなく、円筒形の深鉢や浅鉢、台のついた土器もあらわれた。

●中期（5500年前～4500年前）
タイプ＝深鉢平底

円錐形と円筒形を組み合わせ、炎のような飾りのついた火焔土器や、渦巻き紋など、複雑で芸術的な土器があらわれた。注ぎ口のついた土器も。

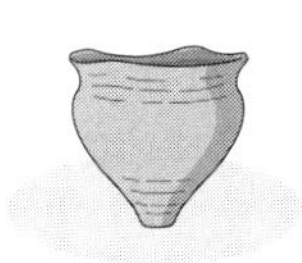

●後期（4500年前～3200年前）
タイプ＝多種多様

一度つけた文様の一部を消す磨消（すりけし）縄文という手法が発達した。持ち手やふたのある土器、深鉢や浅鉢など、さまざまな土器が造られた。

●晩期（3200年前～紀元前10世紀後半）
タイプ＝多種多様

磨消縄文に加えて、繊細で洗練された文様があらわれた。煮炊き用や貯蔵用のほか、香炉など、用途によってさまざまな大きさと形の土器が造られた。

中国から伝わったと信じられていた漆器の技術も、炭素14年代法（放射性炭素C14の半減期が約五七〇〇年という性質を利用して遺物の実年代を測る方法）で調べてみたところ、日本列島のほうが古く、**縄文人が独自に漆器を編み出していた可能性が高くなった。**

縄文人は、決して野蛮ではなかったのだ。

縄文人が水田稲作を主体的に受け入れた

ここで勘違いしてほしくないのだが、日本列島に「縄文人」と分類できる単一の民族が存在したわけではなかった。旧石器時代、いくつもの地域から人が流れ込み、さらに縄文時代に至り、日本列島に逃げてくる人がいた。多様な人々の集合体を、便宜上「縄文人」と呼んでいるにすぎない。

ただし、縄文一万年の年月をかけて、地域差はあるものの、日本列島はおおよそ似通った文化圏を形成していたことは間違いない。その多様な人々が融合して文化を共有した全体像を、縄文時代と呼んでいる。

縄文時代の人口は東側に偏っていて、その影響が今日の東西文化の差に現れているようだ。関ヶ原や高山本線のあたりに、目に見えない境目がある。

現代に至っても、文化と嗜好の差が歴然としてある。たとえば、ソバやうどんの汁の色が違う（醤油とダシの違い）、言葉のイントネーションが異なる、物の呼び方も違う、など。

なぜ、縄文人は東日本に偏在したのだろうか。東日本は落葉樹林帯（ナラ林）で、狩猟採集民にとっては、食料が潤沢だったことが大きな要因のようだ。落葉樹林帯はドングリや木の実をみのらせ、落葉する。葉っぱは多くの昆虫を育て、それを食べに来る動物も増える。

また、この地域の川には、毎年秋、サケが遡上してくる。天の恵みであり、季節ごとに食料を変えていた縄文人にとって、ありがたいご馳走だったのだ。

縄文時代後期になると、寒冷化が進み、西に人が流れていった。そして、西日本では、陸稲や他の穀物も栽培するようになる。考古学者は彼らを園耕民と呼んでいる。ただし、園耕民は穀物を主食としたわけではない。縄文的な狩猟採集の生活の一部に、簡単な農耕が組み込まれたのだ。

そして、紀元前十世紀後半、北部九州の沿岸地帯に水田稲作の文化が伝わり、土器はしだいに簡素なものに変化していく。これが弥生時代の始まりだ。

ちなみに、最初期の渡来人はごく少数で、先住の縄文人が率先して稲作を受け入れ、人口爆発を起こしたようだ。本格的に渡来人が海を渡ってくるのは、中国が混乱状態に陥る紀元前五世紀以降となる。

かつて水田稲作は、紀元前三世紀、あるいは同五世紀に伝わり、「渡来人の圧倒的なパワーに押されて、あっという間に東に伝えられた」と信じられていた。しかし、炭素14年代法によって、弥生時代の始まりが紀元前十世紀後半までさかのぼることがわかり、**稲作は弥生人ではなく、縄文人が選択し、受け入れ、東にゆっくりと伝わっていったと考えられるようになった**のだ。

そして、このあとに、古墳時代がやってくるのである。

母系のDNAは東アジアの人々と大差がない

日本人のルーツをたどることは可能なのだろうか。アフリカを出立（しゅったつ）したホモサピエンスは、どのようにして日本列島にたどり着いたのだろうか。

一九八〇年代には、「二重構造モデル」が提示された。旧石器人は東南アジアからやって来て、のちに彼らが縄文人になった。その後、北東アジアから寒冷地に順応した人々が稲作を携えて海を渡ってきた。彼らは人口爆発を起こし、先住の縄文人と混血していったが、南と北では、混血が進まず、縄文的な血が濃く残った。それがアイヌ人とオキナワ人だ……。

この指摘は、大きく間違ってはいないのだが、DNAの研究が進み、より細かい情報が提供されるようになった。母から子に伝わるミトコンドリアDNA、父から子に伝わるY染色体、厖大（ぼうだい）な情報を含むヒトゲノム（遺伝情報の一つのセット）を使った解析が進み、人類の起源や進化の分岐の様子がはっきりとしてきた。

まず、ミトコンドリアDNAの研究から、何がわかったのだろうか。

ミトコンドリアDNAは、細胞の核の外の「ミトコンドリア」という構造の中にある。核内の染色体は約二万個の遺伝子から構成されるが、ミトコンドリアDNAは、たった一三個のタンパク質と二四個のRNAの情報を伝えている。構造が簡単で、進化速度が核内のDNAよりも速く、多様性があったため、真っ先に解明が進んだ。

ミトコンドリアDNAの中で、数万年に一度の割合で突然変異する部分を選び出し、グループに分け、これを「ハプログループ」と呼び、分岐していく様子を再現し、人類の拡散の状況を読み取った。その結果、**ホモサピエンス（母系）は、今から二〇万年前から十四万年前に誕生したと考えられるようになった。そして、現代人の母系の祖は、アフリカの一人の女性に行き着くという（「イブ仮説」）**。

現代日本人のミトコンドリアDNAのハプログループはどのようになっているのだろうか。端的にいってしまうと、東アジア（中国北東部と朝鮮半島）の人々はよく似ていることがわかってきたのだ。ところが、日本人の持つM7aとN9bは、東アジアにほとんど存在しない。前者は沖縄、関東、北海道に、後者は東北日本に多かった。ただし、これら一部の違いはあるものの、おおまかにいえば、東アジアの人々と大差がないことがわかったのである。

父系のY染色体に縄文的な痕跡が残る

次に、父系のY染色体だが、二〇のハプログループに分かれ、A～Tのアルファベットで示される。このうち、AとBがアフリカに残った。飛び出した人々は、三つに分かれる。C系統、D・E系統、F～T系統で、日本列島にやって来たのは、C系統（C3、C1で、どちらもわずか）、D系統（D2）、N系統（わずか）、O系統（ある程度の数のO2b、少数のO3）、ごくわずかなQ系統だ。

Y染色体のハプログループはミトコンドリアDNAとは違い、東アジアとそっくりではない。C、D、Oの三つで、九割を占めている。

C系統は、東アジア、オセアニア、シベリア、南北アメリカ大陸に分布する。C系統はアフリカを出てインドに向かい、そこから東と南に移動した。そのCのうち、C3系統は、ユーラシア大陸東部を北上してシベリアで繁栄し、一部は西に、一部は東に向かい、アメリカ大陸を目指した。

C系統は人口の一〇％前後存在し、北海道のアイヌでやや多い。東アジア、オセアニア、シベリア、南北アメリカ大陸に分布する。

N系統は、新石器時代（縄文時代）に流入したと思われる。シベリア北西部と北欧に集住している。日本では九州四％、徳島七％、静岡二％、青森八％で、アイヌ、琉球には存在しない。

O系統は、日本人男性の半数を占めている。O2bとO3の二つがメインで、前者は朝鮮半島と華北、後者は華南に多く分布する。O系統は、ユーラシア大陸東部に集まっている。彼らの祖はアフリカを旅立ったあと、中東やインドを経て東南アジアに移動し、K祖型からNO祖型となって、東アジア南部でO系統に分岐したようだ。

問題はDの中のD2で、日本人男性の三〇～四〇％が、このハプログループに含まれている。しかも日本の周辺に、高い密度でD2が集まっている場所はない。D系統はユーラシア南部を東に向かい、東南アジアを経由し、華北、モンゴルに至った。そのうちの一部が南下し、朝鮮半島経由で日本列島に到来した。

このD2のハプログループが縄文人の中心的存在で、地域ごとの人口に占める割合は、北陸と新潟は四八%、東京は四〇%、青森が三九%、静岡三三%、九州で二六〜二八%、徳島で二六%となる。東側の数値が高い。

ところで、**なぜ、母系と父系で遺伝子の偏りに差が出るのだろうか。**母系は、東アジアの人々とよく似て多様性があったが、父系のY染色体は、縄文的なD2が、三割から四割を占めていた。

民族の移動と聞くと、集団で男女手をつないでやって来たと考えてしまうが、これは間違っている。アフリカから出発した人類は、ある地点で拠点をつくり、定住する。その集落から女性が他の集落に嫁（とつ）いだり、男性が他の集落に婿（むこ）に行くケースが起きた。男女のどちらが優位に立っているかで状況が異なる。そして、このようなバトンタッチ方式のＤＮＡの移動をくり返しているうちに、東アジアの女性は、多様性を宿し、似通っ

た遺伝子をもつに至ったわけである。男女では、遺伝子の伝わり方に差ができたのだ。

もう一つ、中国の漢民族の男性のハプログループがO2aとO3に偏っていたことも、無視できない。中国では早い段階で冶金(やきん)が発達し、樹木を燃料に使ったため、森を失った。強い集団が生まれれば、大平原を一気に駆け抜けていったのだろう。負けた地域の男たちは殺されたか、逃げ惑(まど)ったに違いない。そして、残された女性たちをわが物にしたという図式が浮かんでくる。

O2とO3のハプログループは、他者との共存を拒(こば)む人たちだったのかもしれない。

ヒトゲノム解析をめぐるいくつもの仮説

次に、最新のヒトゲノムの解析から何がわかったのか、をみていこう。

平成二十八年(二〇一六)、国立遺伝学研究所の斎藤成也(さいとうなるや)教授の研究グループが、縄文時代人のゲノムDNAの情報を決定することに成功している。

斎藤成也は、**縄文人と現代人の間にどれくらいの遺伝子の差があるのか**、試算した。

ヒトゲノムは九九％以上が共通している。そこで、人それぞれのＤＮＡで差が出る部分（ゲノム規模ＳＮＰデータ）を調べたのだ。

すると、**縄文人と共通のＤＮＡが最も多かったのがアイヌ人（六八％）で、オキナワ人、ヤマト人、北方中国人の順**になった。

さらに、集団の系統樹を推定してみると、縄文人は一万年前よりも、さらに古い時代に分岐していたことがわかった。しかも、縄文時代人は世界中の現代人のご先祖様の中でも、特別な存在だという。北方系か南方系かという、古くからの議論がふっ飛んでしまうほど特異な集団で、先祖探しはふり出しに戻ってしまったと斎藤成也は述べている（『日本人の源流』河出書房新社）。

そして、斎藤成也の研究グループは、**現代人のゲノム規模ＳＮＰデータを用いて、縄文人のゲノムが伝わった割合を一四～二〇％と推定した。**推定値に幅があるのは、現代人のサンプルに多彩な組み合わせを用意したからだ。

この数字をみて、「やはり、縄文人は渡来人に圧倒されてしまった」と思われるかもしれない。最新のヒトゲノム研究だから、この数字を信じるほかないようにみえるが、話はそう単純ではない。いくつもの疑問点が浮かび上がってくるのである。

たとえば、一万年以上続いた縄文時代なのだから、日本列島にはいくつもの地域差があって、遺伝子にもバラツキがあったはずだ。

しかし、ここで扱われたサンプルは、ごくごく限られた人骨なのだ。その人骨を「象徴的縄文人」とみなしてよいのだろうか。

それに、縄文時代の日本列島の人口は東側に偏っていたが、弥生時代に至ると、北部九州で先住の縄文人が稲作を受け入れ、まず西日本から人口爆発を起こしている。

しかし、例の縄文人のサンプルは、縄文後期から晩期の三貫地貝塚出土（福島県相馬郡新地）で見つかった人のＤＮＡで、西日本の縄文人の遺伝子は無視されている。これでは、客観的なデータとはいえない。

かつて宝来聰は、ミトコンドリアの解析によって、縄文系のＤＮＡの割合を、三五％と指摘した。中国の研究グループも、ヒトゲノムを用いて推定した数字は、二三〜四〇％だった。

なぜ、これだけ推定値に開きが出るのだろうか。

斎藤成也と同じ最新のゲノム規模SNPデータを用いて、中込滋樹（なかごめしげき）の研究グループも試算している。その結果、ヤマト人の縄文人ゲノムの割合を二二〜五三％と算定している。

同じデータを用いたのに差が出てしまったのは、なぜだろうか。中込滋樹らは斎藤成也とは異なる計算方法を用いて、「西日本の縄文人も計算枠に入る」推理を働かせたのだ。

いずれにせよ、**まだまだ発展途上の研究だから、それぞれの数字に意味を見出すのは、早計なのかもしれない。**

縄文と弥生の境界がはっきりしなくなってきた

縄文人たちは、弥生時代の始まりとともに渡来人に圧倒され、追いやられていったというイメージが強い。

土器も入れ替わり、土偶もなくなり、青銅器や鉄器がもたらされ、縄文人と弥生人は交代したとさえ考えられていた。しかし、考古学の進展と炭素14年代法によって、これまでの常識は覆されようとしている。

まず、炭素14年代法によって、弥生時代の始まりが数百年古くなった。その結果、「あっという間に水田稲作が広まった」という考えは訂正され、「ゆっくりと東に浸透していった」と考えられるようになった。

さらに、北部九州沿岸部の遺跡から奇妙な現象が次々と報告されるようになった。昭和五十三年（一九七八）から翌年にかけて、板付遺跡（福岡県福岡市）の調査が行なわれ、縄文晩期の夜臼式土器の時代の遺跡から、水田遺構と農具、炭化したコメが出土したのだ。

「縄文時代にすでに水田稲作は行なわれていた」と騒がれたものだ。

ただし、しだいにそれとは異なる考えが提出されるようになった。初期の弥生土器を代表する遠賀川式土器の範疇に含まれる板付I式土器が戦後すぐに見つかっていたこと、この土器が縄文の夜臼式土器と一緒に出土することが多く、このため、板付遺跡は縄文と弥生の過渡期の遺跡ではないかと考えられるようになったのだ。

わかってきたことは、**弥生時代の始まりに、渡来人が大挙して北部九州に押し寄せ、先住民の縄文人を追い出したのではなかったということだ。渡来人は少数で、水田稲作の技術をもたらし、先住の縄文人が稲作を受け入れたという図式が見えてきた。**

そして、まとまった数の渡来は、中国の混乱が始まる紀元前五世紀以降と考えられるようになった。このように、縄文から弥生のはっきりとした境目を区切ることが難しくなってしまったのだ。

とはいっても、縄文時代の象徴的な第二の道具（祭器）である土偶が弥生時代の到来とともに消えてしまい、祭祀形態は稲作文化に塗り替えられていくのだから、縄文文化は途絶えてしまったと思われがちだ。

ところが、縄文の息吹は三つ子の魂百までとなって、何度も揺り戻し現象を起こしていたようだ。その例を次にいくつか挙げていこう。

簡単に消えなかった縄文文化

農耕開始期に近畿地方で流行（はや）った屈折像（くっせつぞう）土偶（長原（ながはら）タイプ土偶）は、東北地方の影響を受けて誕生している。

弥生時代中期から後期に岡山県や愛媛県の瀬戸内地域で盛行（せいこう）する分銅形土製品（ぶんどうがたどせいひん）も、長原タイプの土偶が変遷していたという推理がある（小林青樹（せいじ）『縄文時代の考古学』同成社）。

また、弥生時代前期の瀬戸内海沿岸で造られた土製品は、東北地方の長原タイプ土偶の系統に連なり、板状の分銅形土製品の祖型と考えられるというのだ。そして、**縄文時代の石棒（せきぼう）も弥生時代に継承されている。**

それだけではない。**弥生時代を代表する祭器の一つ、銅鐸も縄文文化を継承しているという指摘がある。**縄文的な紋様が刻（きざ）まれていたのである。

大阪・淀川の北岸、東奈良遺跡（茨木市）で見つかった銅鐸に施された楕円をヨコに連ねた文様は、東北地方の亀ヶ岡式土器の流れをくむ浮線渦巻文土器と似ているという。また、縄文の木器や小形石棒類にも似ているという指摘がある。

弥生時代、近畿南部に造られた初期の環濠集落から、大形石棒がよく見つかる。石棒は男性のシンボルで、縄文時代から珍重された第二の道具だ。問題は、石棒が出土する地域と初期の銅鐸文化圏が重なっていることで、北部九州を中心とする銅矛・銅剣文化圏とは一線を画していたことだ。これで、**銅鐸文化圏で縄文的な文化が色濃く残っていたことがわかる。**

弥生前期を代表し、西日本に広まった遠賀川式土器も、間接的に東北の縄文晩期の亀ヶ岡式土器の影響を受けているという指摘もある。

ヤマト建国直前になっても、縄文的な技術と文化が散見される。滋賀県の伊勢遺跡（滋賀県守山市と栗東市にまたがる）に、独立棟持柱建物が建てられていた。これは、伊勢神宮の唯一神明造につながっていくのだが、弥生時代前期の最古級の独立棟持柱建物が筋違遺跡（三重県松阪市）で見つかっている。ただし、この建築様式は弥生時

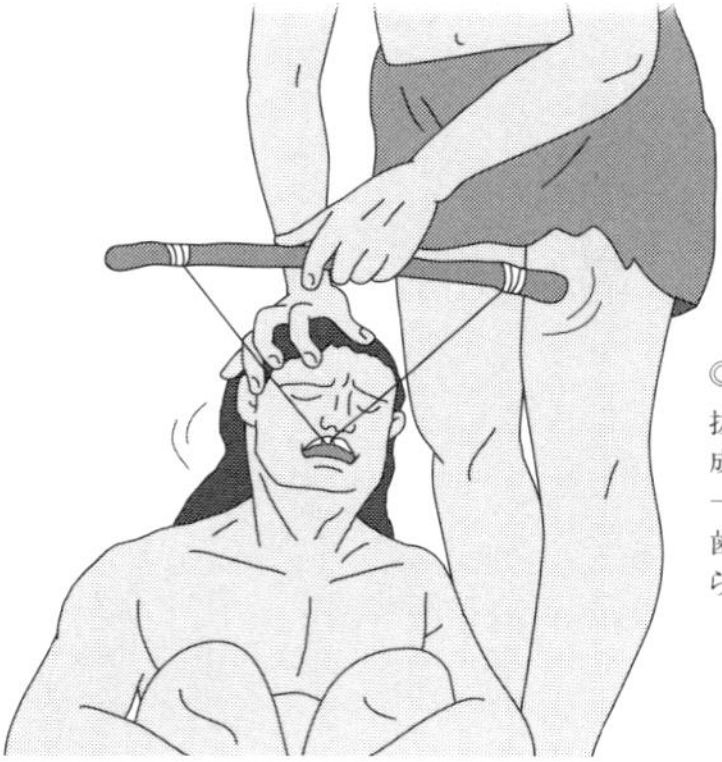

代に生まれたのではない。すでに縄文時代の北陸地方で、独立棟持柱は存在していたことがわかっている。

伊勢神宮といえば、稲作民の神社のイメージが強いが、意外にも縄文から継承された文化が息づいていたことになる。

また、極端な例になるが、戦後まで続いた縄文文化もある。縄文人は抜歯(ばっし)の風習を守っていたが、九州周辺の島々の中に、これを近代に至るまで継承していた地域があって、戦後まで抜歯をした老婆が生きていたという証言がある。

◎抜歯の様子

抜歯は健康な歯を抜く、成人儀礼などの風習の一つ。上下の前歯や犬歯、その隣りの歯に多く見られる。

そもそも、日本語は東アジアの中で孤立した言語で、その起源が明らかにされていない。弥生時代に渡来人が持ち込んだ言語ではない。

縄文時代の半(なか)ばに、すでに日本列島で「縄文語」が成立し、それが受け継がれて、

今日の日本語になったようだ。

大量の渡来人が一度に押し寄せて、言語も根こそぎ入れ替わったという事態は想定不可能なのだ。

縄文文化は、そう簡単には消えなかったのである。

ヤマト建国も縄文回帰？

なぜ、筆者が縄文文化にこだわったかというと、ヤマト建国も縄文回帰で、揺り戻しだったのではないかと思うからだ。

なぜ、ヤマトに集まった人々は縄文的な文化や発想を重視したのだろうか。一つの理由に、殺し合いのない穏やかな世の中だったからだろう。

人類が戦争を始めたのは、農耕を選択したからだとする説がある（『農業は人類の原罪である～進化論の現在』コリン・タッジ著　竹内久美子訳　新潮社）。農耕を始めると、共同作業を行ない、余剰が生まれる。貧富の格差が生まれ、強い王が登場し、人口が増えた分、新たな土地と水利が求められる。膨張する集団は近隣と争い、戦争が勃発する……。

これに対し、狩猟・採集の時代には、縄張りを守り、集団で他地域を荒らすこともなかった。縄文時代に人殺しの痕跡が残されているが、集団同士の戦いの証拠は挙がっていない。三内丸山(さんないまるやま)遺跡（青森県青森市）を見ればよくわかる。弥生時代のような組織的な戦闘は起きなかったし、集落を環濠（環壕）や城柵(じょうさく)で囲むこともなかったのである。

ヤマト建国は縄文回帰であり、戦争の時代を終わらせようと目論(もくろ)んだのではなかったか。

すでに触れたように、ヤマト建国はいくつかの地域の人々が纒向に集まって来てなし遂げられた。外来系の土器をもたらした人たちの半分以上は東海や近江からやって来たが、纒向遺跡に集まった人たちは、だいたい銅鐸文化圏を形成していた人たちだ。じつは、ここに大きな意味が隠されていたのだ。

銅鐸文化圏の人々は「強い王」を拒み、富や威信財を、王の私有物にさせない工夫をつくり上げた。それが銅鐸で、彼らがヤマトに集まってつくり上げた王家は、実権を伴わない祭司王と思われる。

▲三内丸山遺跡（青森市）～縄文時代の大規模集落跡。住宅群、倉庫群のほか、掘立柱建物が再現されている。

弥生時代後期は混乱の時代で、中国の歴史書に「倭国大乱」と記録されている。まさに、銅鐸文化圏に高地性集落が無数につくられ、北部九州や出雲、吉備の強大化を恐れ、備えていたのだろう。東の人々、銅鐸文化圏の人々が縄文回帰をくり返してきたことは、考古学の物証からも明らかだ。

そこで注目したいのが、ヤマトの大王＝天皇のことだ。「天皇」の周辺にも「縄文」は群がっていたことは、あまり知られていない。天皇と縄文時代のつながりを次の章で説明しよう。

【第二章】のここがポイント

かつて「縄文人」は、狩猟採集に明け暮れた野蛮人のイメージで語られてきた。また、弥生時代、稲作の始まりとともに、大量の渡来人が押し寄せて圧倒したと信じられてきたのだ。しかし、この常識は疑ってかかる必要が出てきた。

北部九州の遺跡から、「縄文と弥生時代の境目が見えない」、「渡来人が土着の人々を圧倒した証拠がない」という報告が次々とあがってきて、その結果、先住の縄文人が自主的に稲作を選択した可能性が高くなってきたからだ。

さらに、遺伝子研究が進み、父から子に伝わるY染色体に限っていえば、縄文的な血が、想像以上に現代人の体の中に残っていたこともわかってきた。

それだけではない。ヤマト建国も、縄文文化を受け継いだ地域が主体となって推し進められてきたこと、**日本人はことあるごとに、縄文回帰を繰り返していた様子も明らかになってきた。縄文文化こそ、日本人の三つ子の魂百までなのだ。**

第三章

天皇から読み解く古代の真実

……天皇と縄文の海人との意外な関係

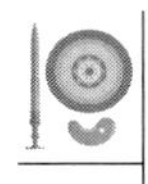

神武天皇はお伽話の存在ではない？

日本人は長い間、「天皇」を推戴してきており、多くの人がこれからも皇室が続いてほしいと願っていると思う。しかし、その一方で「天皇とは何か」と聞かれて、明確に答えることはできないのではないか。「天皇は権力者なのか、祭司王なのか」もはっきりと判断できない。「ヤマトの黎明期は強大な力をもっていたのかもしれないが、しだいに力を剥がされていった」という推理が優等生的な答えかもしれない。しかし、これは正確ではない。

天皇の正体は、意外に簡単に解ける。鍵を握っているのは、「縄文系の海人」なのだ。どういうことか、説明していこう。

戦後すぐ、江上波夫が「騎馬民族日本征服説」を発表して、一世を風靡し、史学界に衝撃が走った。日本列島に押し寄せた騎馬民族が、北部九州に拠点をつくり、のちに東に移ってヤマトを征服したというのだ。影響力は凄まじく、手塚治虫の名作マンガ『火の鳥』の中でも、邪馬台国の卑弥呼が騎馬民族に征服されるストーリーが採用されている。

騎馬民族日本征服説が市民権を得て以来、日本列島は渡来人に征服されたという発想が、常識となった感がある。つまり、天皇家の祖は朝鮮半島からやって来たが、それを語るのはタブーという雰囲気が漂ったのだ。また、そう考えないと、古代史を知らない人間とみなされもした。縄文人は渡来人に圧倒されてしまったと信じられていたから、「日本人は渡来系」というイメージができ上がってしまったわけだ。

しかし、考古学の進展によって、しだいにそのような「漠然とした常識」も覆されようとしている。縄文と弥生の境界線があいまいなこと、弥生時代に水田稲作が各地に伝播しても、縄文的な文化は揺り戻されることがしばしばあったこと、縄文系の遺伝子が想像以上に残っていたことも、明らかになってきたのだ。その一方で、騎馬民族が日本列島に到来し、征服した証拠は見出せないでいる。

山がちで、隣りの集落に行くのに峠を越えて行かなければならず、深い森に覆われ、平地は湿地帯が多く、牧草地も少なく、川が通行を遮り、道路も整備されていなかった古代の日本列島を、なぜ騎馬軍団が征服できたのだろうか。少なくとも、当時の日本列島を自由に往き来したかったのなら、船と優秀な水先案内人（海人、水手、楫取）が必要だった。

その点、『日本書紀』のヤマト建国説話を無視できない。

まず、いずこからともなくニギハヤヒがヤマトに舞い下りてくるが、乗っていたのは馬ではなく、天磐船だった。

初代神武天皇のとり巻きも興味深い。神武は瀬戸内海を東に向かい、さらに紀伊半島を船で迂回したのだが、この時、最も身近にいたのは大伴氏と久米氏だった。彼らは天孫降臨神話に登場し、天皇家の祖神を護り、神武天皇とともに南部九州からヤマトの橿原に乗り込んでいる。また、神武天皇の橿原宮の周辺には大伴氏や久米氏のほか、忌部氏も居を構えている。

大伴氏と久米氏は同族か非常に親しい間柄だが、久米氏や忌部氏は目に入れ墨をしていたという伝承をもつ人たちで、それは海人の習俗だ。『古事記』は久米氏の祖・

▲八咫烏(やたがらす)の道案内でヤマトに入る神武天皇

大来目命（おおくめのみこと）を指して、「黥（さ）ける利目（とめ）（入れ墨をした鋭い目）」と表現している。「魏志倭人伝」には、「男子はみな黥面文身（げいめんぶんしん）をする」とある。黥面は、顔面の入れ墨、文身は、体の入れ墨だ。海に潜（もぐ）ってサメなどから身を守る目的があったからだという。

神武天皇は、顔に入れ墨をした九州の海の民に守られていたのである。

なぜ、今までこの事実が軽視されてきたのだろうか。もちろん、「神武天皇はお伽話（とぎばなし）」という発想があったからだろう。しかし、神武天皇の母系の祖は海神（わたつみ）だから、海人の大伴氏や久米氏らが橿原宮のまわりに居座っていたという話はただの創作とは思えなくなってくる。

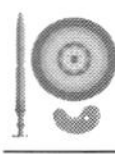

倭の海人は縄文系なのか

『日本書紀』に、神武天皇の母と祖母は海神の娘（玉依姫（たまよりひめ）と豊玉姫（とよたまひめ））とある。二代続けて海人の女性から王が生み落とされていたことになる。これは、いったいどういうことだろうか。

ちなみに、玉依姫と豊玉姫の親の海神を祀っていたのは、阿曇氏で、旧奴国の王の末裔の可能性が高い。弥生時代の日本列島を代表する王族だ。後漢に朝貢し、「倭奴国王印」をもらい受けている。これが、いわゆる志賀島の金印である。

かつて、倭の海人たちは中国の南部からやって来たのではないかと考えられていた。中国の長江（揚子江）流域に紀元前五世紀頃、国が生まれ、呉や越となっていくのだが、この「越人」が倭の海人の祖とする推理がある（岡田英弘『倭国』中公新書）。やはり、中国南部の伝説の王朝「夏」でも、入れ墨の風習があった。岡田英弘は、弥生時代に中国の海人が日本列島にやって来たといい、彼らは優秀な商人でもあったと指摘している。

しかし、興味深い発見があった。古墳時代の人面埴輪に描かれた目のまわりの入れ墨の文様が、弥生時代の人面線刻土器と系統が同じで、しかも顔面の文様は、縄文時代から継承され、突然変異することなく、縄文土偶から連綿と古墳時代につながっていたことがわかったのだ。つまり、「黥面の習俗」は、縄文の海人の伝統だった可能性が高い。

もちろん、弥生時代以降、中国南部から海人や商人が日本列島にやって来て、影響を与えていたことは間違いないだろう。しかし、「倭の海人」の文化が消えなかった事実は、無視できないのである。

ちなみに、「倭の海人」は非常に優秀で、流れが速く幅の広い黒潮(くろしお)を横切って交易をする力をもっていた。また、南西諸島から九州を経由して、日本海、北海道にいたる航路を自在に往き来していたのだ。だから、東アジアに名を轟(とどろ)かせていた。倭の海人がその技量を買われ、二世紀後半に中国大陸（鮮卑(せんぴ)）に大量に連れ去られるという事件も起きている（『後漢書』）。この時は食糧不足を補(おぎな)う手段として、「漁師としての倭の海人の腕」が買われたのだ。海人にとってはいい迷惑な話なのだが……。

ところで、日本列島は海に囲まれているから、海人が活躍するのは当然と思われるかもしれない。しかし、目の前に海が広がっているからといって、みな海人になるわけではない。

たとえば、朝鮮半島の東南部の新羅(しらぎ)は、海を得意としていない。かつて、「日本に攻め入ろう」と王は考えたが、「われわれは船の戦争には不慣れです」と諫められて、断念したという話が残されている。

大陸と陸続きだから、海には出たがらなかったのだろう。本能的に、「海は命がけ」とわかっていたのかもしれない。よほどの理由がなければ、飛び出してはいかないものなのだろうか。

ならば、なぜ、日本列島には優秀な海人が大勢いたのだろうか。そして、日本列島に海人のネットワークが構築されていたのは、なぜだろうか。

倭の海人のルーツを探ることは可能なのだろうか、それとも、自然発生的に生まれたのだろうか。

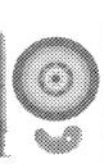

南部九州の驚異的な縄文集落

倭の海人のルーツは、意外な場所に隠されていた。それが鹿児島県である。

かつて、縄文時代は東日本がリードしていたと信じられてきた。縄文人は日本列島の東側に多く住んでいて、繁栄を誇っていたからだ。

ところが、常識を打ち破る遺跡が見つかっている。それが鹿児島県の上野原遺跡（霧島市国分上野原縄文の森）なのだ。

昭和六十一年（一九八六）から平成八年（一九九六）にかけて、発掘調査が行なわれ、縄文時代草創期から早期にかけての遺物が出現した。最古で最大級の「集落跡」が見つかっている。縄文早期前葉に、安定した定住生活が始まっていたことが明らかになったのだ。それだけではない。縄文時代後期から晩期のものと信じられていた壺や耳飾りも見つかっている。連穴土坑十六基は、保存食をつくるための薫製料理施設だ。

また、上野原遺跡の周辺からも、次々と遺跡が見つかり、**南部九州の先進性が浮彫りとなった。縄文時代早期の段階で、南部九州に精神文化の発展も見られる。縄文早期後葉には、この南部九州の土器文化が中国地方や四国に伝わっている。**

なぜ、南部九州が、東日本よりも先に発展したのだろうか。

南部九州の縄文人は、東南アジアの幻の大陸・スンダランドからやって来たとする推理がある（小田静夫『遙かなる海上の道』青春出版社）。

アフリカを飛び出したホモサピエンスの一部は、マレー半島東岸からインドシナ半島に存在したスンダランド（沖積平野）にたどり着いた。そして、今から五万年前〜四万年前にスンダランドを飛び出した人が、東アジアに拡散した。その一部が、日本列島にやって来て、旧石器人になった。その後、ビュルム氷期（最終氷期）が終わり、温暖化が始まると、スンダランドは水没し、黒潮

◎ホモサピエンスの移動

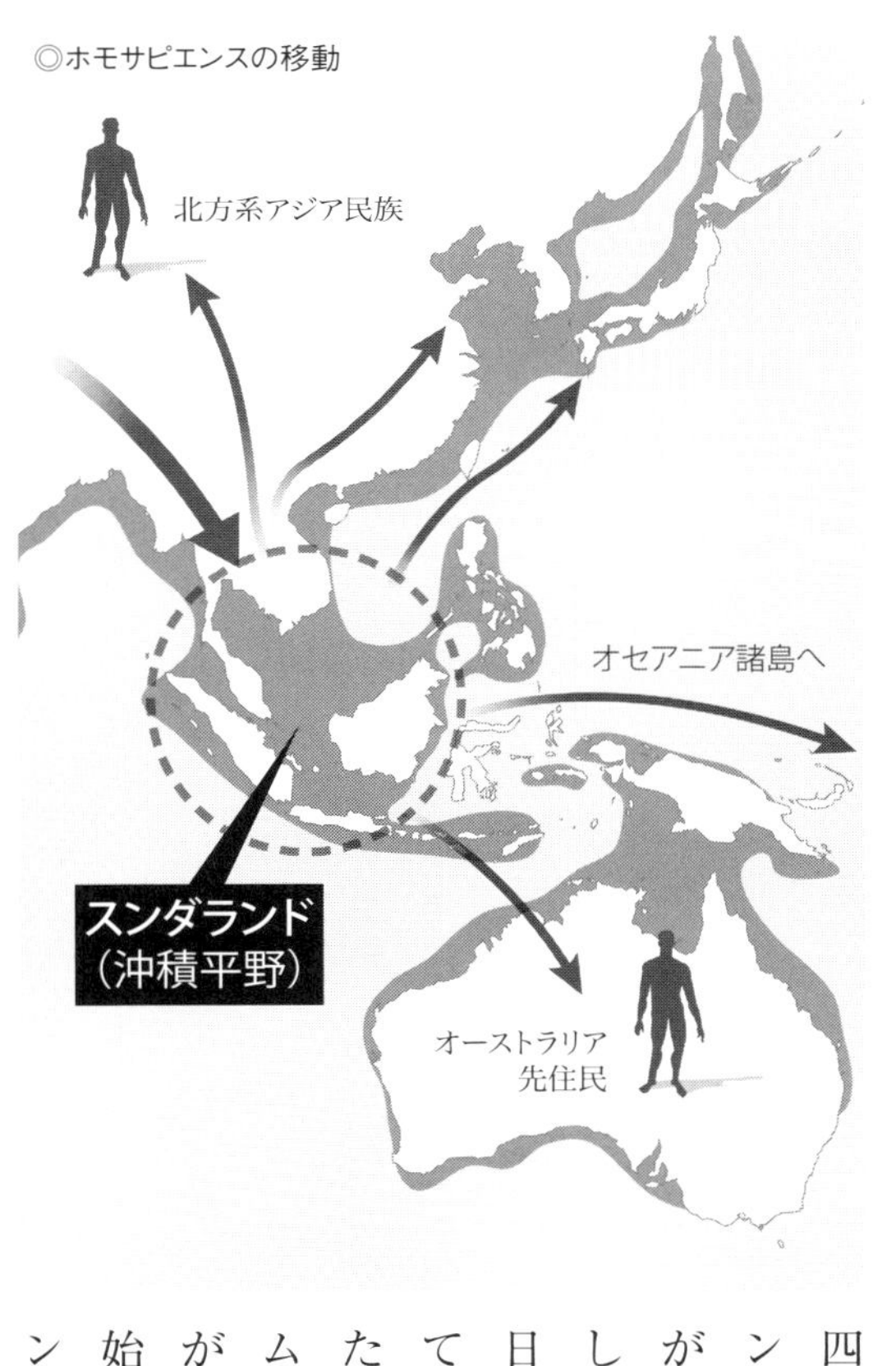

に乗って海の民が日本列島にたどり着いたのではないか。それが、南部九州の縄文文化を支えた人たちというわけだ。

ならば、その証拠はあるのだろうか。一つは、拵ノ原遺跡（南さつま市）から見つかった拵ノ原型石斧（丸ノミ形石斧）だ。石を円筒状にして磨き上げ、丸ノミ状にしてある。これで丸木舟を造っていたと考えられているが、その分布が南西諸島に沿って、黒潮の道を形成していることから、南方のスンダランドの新石器人が持ち込んだものと推理されている。

また、遺伝子も大きな証拠になる。

Y染色体の南方経由の「C系統」のうち、日本列島には「C1系統」と「C3系統」の二つの亜型が流れ着いているが、後者は東アジアに広く分布している。

ところが、前者の「C1」は、日本列島にだけ住む珍しい人々で、しかも南方に偏っているのだ（人数は少ない）。彼らがどのルートから日本列島にたどり着いたのか、はっきりとはわからない。

その代わり、「どこかから寄り道せずに、直接南方から日本列島にやって来た」

可能性が高い。もちろん、黒潮の道を使って、スンダランドから一気に渡ってきたのだろう。

なぜ、南部九州の海人は各地に散らばったのか

縄文時代をリードしていた南部九州。ところが、彼らは突然消え去ってしまう。六千年前~六千五百年前に、屋久島(やくしま)の北方の海底で鬼界(きかい)カルデラが大爆発を起こしたのだ。南部九州は壊滅状態となり、火山灰は西日本を中心とする日本列島に降り注いだ。

ここで、南部九州の海人たちの多くは南方に逃れ、あるいは日本列島の各地に散らばっていったようだ。黒潮に乗って、伊豆諸島にたどり着いた人々もいる。南部九州で造られていた石斧なども伝播していったのだ。

また、南部九州で始まっていた集落構造の計画的配置は、この頃から各地で受け入れられていく。関東で見つかった縄文時代早期後葉の炉穴は、上野原遺跡で見つかった連穴土坑にそっくりだった。黒潮に沿って、海人の道具だった円筒石斧も広まっていった。

それだけではない。こののち、縄文人たちは闊達に海に飛び出し、航路を開拓し、海人としての習俗を身につけていくのだ。

要は、**スンダランドから南部九州にもたらされた海人の文化が、鬼界カルデラの大爆発によって、拡散していった可能性が高い。そして、彼らの影響で、日本列島人（縄文人）は優秀な海の民になっていったのだろう。**

その中でも縄文の海人の伝統を一番強く継承したのは、北部九州から九州島の西をめぐって南部九州に至る地域だった。稲作や先進の文化が流れ込んだのは佐賀県唐津市から福岡県福岡市にかけての地域だが、そのすぐ西側や北側の対馬には縄文的な人々が暮らしていて、しかも、彼らは大海原に果敢に挑む海人たちだった。

『肥前国風土記』松浦郡条に、郡の西南に位置する値嘉郷（長崎県の五島列島）の話が出てくる。かいつまんで紹介すると、次のような内容だ。

島は八十あり、その中の二つの島に土蜘蛛（先住民）が住んでいて、船を停泊させる場所が二つある。それぞれに二十艘の小舟、十艘の大きな船を停泊させることができた。この島の海人は、馬や牛をたくさん飼っている。また、容姿が隼人（南部九州の人）に似ていて、つねに騎射を好み、その言葉は俗人（肥前国の人々）とは異なっている。

不思議な話だ。船が停泊する港があるし、島だから、海人が住んでいたのだろう。では、なぜ、騎射が得意だったのだろうか。

じつは、海人たちは小ぶりの馬を飼っていて、船に乗せ、川をさかのぼる時、馬に曳かせたのだ。また、五島列島の人々は、隼人に似ていて、隼人は縄文の文化を継承していた人たちだった。実際、九州西北部から壱岐、対馬の人々は、弥生時代到来後も縄文的な形質を保っていたことが知られている。

天皇家の母系の祖・阿曇氏は、福岡市（旧奴国）から対馬一帯までテリトリーにし

◎土師器

比較的低温（800～900度）の野焼きで造られた赤褐色の土器。煮炊き等に便利といわれる。埴輪も一種の土師器である。

◎須恵器

高温（1100度以上）の登り窯で造られた青灰色の硬質な土器。貯蔵用、食器、祭祀等に用いられる。

ていた。その中の対馬は、日本列島よりも朝鮮半島に近いし、朝鮮半島や大陸の文物が目の前を通りすぎていったはずだが、縄文時代から日本列島側の文化圏だったのだ。土器の変遷も、縄文土器、弥生土器、土師器、須恵器というように、九州と同じだ。

なぜ、朝鮮半島の人たちは対馬に領土欲を感じなかったのだろうか。それは、現地に立てばわかる。平地がほとんどないのだ。対馬を必要としたのは、倭の海人であり、それは縄文時代からの伝統でもあろう。

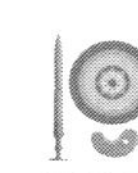

志賀島の金印と日田の金銀錯嵌珠龍文鉄鏡に隠された謎

倭の海人と縄文のつながりに筆者がこだわったのは、ヤマトの王家の母系の祖が、海神の娘だったからで、天皇家と縄文のつながりを確認しておきたかったからだ。そして、神武天皇の母と祖母が旧奴国の阿曇氏出身だったところに、大きな意味が隠されていると思う。

もちろん、阿曇氏は遺伝子レベルでみれば、純粋な縄文人ではなかったかもしれない。しかし、やはり顔に入れ墨をしていた伝承が残り、縄文的な習俗を残す九州の海人に囲まれ、ヤマト建国後も、日本中の海人を束ね(たば)る役目を担(にな)っていたのだから、縄文的な習俗を色濃く継承していたのだろう。

そして、すでに述べたように、ヤマト建国直後、ヤマト政権は北部九州に乗り込み、真っ先に旧奴国になだれ込んでいた。この地域が衰退していたことは、考古学的に明らかになっている。弥生時代後期の日本列島を代表し、富み栄えた王国は、昔日（せきじつ）の面影（おもかげ）を失っていたのだ。

ところで、ここに興味深い話が持ち上がる。志賀島（しかのしま）から見つかった金印と大分県日田市のダンワラ古墳出土の金銀錯嵌珠龍文鉄鏡（きんぎんさくがんしゅりゅうもんてっきょう）のことだ。どちらも、後漢の時代に日本にもたらされた珍宝だ。金銀錯嵌珠龍文鉄鏡は鋳鉄（ちゅうてつ）製の直径二十一・三センチ、厚さ二・五ミリで、装飾が見事であり、後漢では王族や高貴な人物だけに所持が認められた至宝だった。

金銀錯嵌珠龍文鉄鏡は「古墳から出てきた」と記録されているが、昭和八年に久大（きゅうだい）本線建設中にたまたま出土したもので、考古学者は立ち会っていなかったし、地元の人は、「土砂が崩れ、その中にお宝が混じっていた」と証言している。だから、古物商から買い取った考古学者梅原末治（うめはらすえじ）も、「土中から出た」と報告している。それにもかかわらず、「古墳から出てきた」と書き改められたのは、「ぞんざいに捨てるはずがないほど貴重なお宝」だからで、土に埋めることなど、常識では考えられなかったからだ。

◎漢委奴国王印

1784年旧暦2月に、地元の甚兵衛という百姓が見つけたとされる。一辺約2.3cm、高さ約0.9cmの角柱の上に1.5cmのつまみがついていて、重さは108.7gほどである。

九州国立博物館学芸部の河野一隆(かわのかずたか)は、**北部九州沿岸部の主導権争いに敗れた奴国王が、金銀錯嵌珠龍文鉄鏡を日田に持ち込んだのではないか**と推理している。この考えは、無視できない。確かに、後漢から至宝をもらい受けることができたのは奴国だろう。

そうなると、志賀島の金印も引っかかる。畑の脇から見つかっている。古墳に埋納されたわけではない。

江戸時代の天明四年(一七八四)二月に、「那賀郡志賀島村百姓甚兵衛(ひゃくしょうじんべえ)」が見つけている。すぐ目の前が海だ。目印となるような、二人で持ち上げるぐらいの石の下から出てきている。**敗れた奴国の人々が逃れる時、慌てて金印を志賀島のここに埋め、目印の石を置いたのではあるまいか。**

先の金銀錯嵌珠龍文鉄鏡も同じように奴国の貴種が逃げる時、日田の地に埋めていったのではないか。

そこで、大きな仮説を用意しなければならない。これまで解き明かされることのなかった「なぜ、天皇は力のない祭司王としてヤマトに迎え入れられたのか」を解き明かす、神話とヤマト建国をつなぐための唯一の仮説だ。

阿曇氏とヤマトの王家の祖は、ヤマトに追われ、北部九州から南部九州に一度逃れていたのではあるまいか。

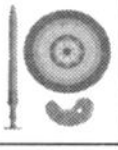

天皇家の祖は敗者だった？

天孫降臨神話は、天皇家の祖神が天上界（高天原（たかまのはら））から高千穂峰（宮崎県と鹿児島県の県境の高千穂峰と宮崎県西臼杵郡高千穂町の二説あり）に舞い下りた話だ。天から山に降りてきたという話は架空だから、問題となるのは、そのあとどこに行ったかだ。『日本書紀』は、「歩いて笠狭碕に行った」と述べている。これは鹿児島県の西側、野間岬のことだ。東西に延びる野間岬の北側には、野間池という天然の良港がある。野間池は南西諸島から北部九州に向かう航路の途中に位置していた。海人の格好の止まり木になっていたはずなのだ。そこに、天皇家の祖神がやって来たという話は大きな意味を感じずにはいられない。

これまで『日本書紀』に描かれた天皇の祖神の話は、「征服者」や「勝者」の偉大な業績を活写したものと思い込んできた。しかし、本当は阿曇氏と「婿殿」たちの敗走の記録ではなかったか。奴国を追われた貴種たちは、海人のツテ、ネットワークをたどって、南部九州に落ち延びたのではなかったか。

問題は、もし、この仮説が当たっているのなら、なぜ、神武天皇はヤマトの王に立つことができたのかということである。

そこで、登場願うのが実在の初代王と目されている第十代崇神天皇だ。神武と崇神はどちらも「ハックニシラス天皇（初めて国を治めた天皇、最初の天皇）」と称えられている。しかも、第二代から第九代までの天皇の事蹟が『日本書紀』には記されていないこと、神武天皇の話の真ん中がすっぽり空いていて、崇神天皇はその逆の記述なので、二人の説話を重ね合わせると、初代王の物語になるのではないかと考えられてきたのだ。

しかし、筆者は、神武と崇神の二人は同時代人だが別人とみる。そう思う根拠は、次の『日本書紀』の記述があるからだ。

崇神五年、国内で疫病がはやり、人口は半減してしまった。六年になると、百姓は土地を離れ流浪し、不穏な空気が流れた。そこで、翌年、崇神天皇が占ってみると、大物主神が現われ、疫病の蔓延は大物主神の意思であること、大物主神の子を探し出して祀らせれば、必ず平穏が訪れると告げた。託宣どおり、大物主神の子の大田田根子を探し出し、大物主神を祀らせたら、世は平静を取り戻した……。

▲初代神武天皇（右）と第10代崇神天皇は同一人物ではなく、同時代人？

もちろん、史学者たちはこの説話をまともにとり合わない。しかし、多くの暗示が込められているとしか思えない。

まず、人口が半減したという話だが、天然痘（てんねんとう）の場合、現代医学をもってしても、致死率は三割から四割とされている。古代なら、半分死んだとしても頷（うなず）ける。

古くは疫病は祟（たた）る神（鬼、疫神）の祟りと見なされていた。しかし、なぜ、ここで祟る神の設定が必要なのか。これはただの創作にすぎないのか、それとも……。筆者はこれを史実と考える。そして、ここに本当の、今に続く天皇家の原型が完成するきっかけがあったと考える。ヒントは三輪山に隠されている。

大物主神は纒向遺跡の近くの三輪山に坐す神だ。ところが、三輪山山頂には、高宮神社が祀られ、祭神は「日向御子」という。本居宣長は「日に向かう＝太陽神」とみなし、日向御子を太陽信仰と関連づけ、この推理が現代でも通用している。

しかし、それなら、なぜ、「日向神」と称えなかったのか。「御子」は、「童子（稚）」で、恐ろしい祟る鬼の意味に通じる。なぜ、童子が鬼なのかというと、少し説明が必要だ。神道の本質までさかのぼらなければならないからだ（とはいっても、話は単純だが）。

ヤマトに祭司王が生まれたカラクリ

多神教世界（アニミズム）では、ありとあらゆる物や現象に精霊や神が宿ると信じた。言い換えると、多神教世界の住民にとって、大自然そのものが神なのだ。そして、神＝大自然は人々に災いをもたらす鬼（荒魂）でもある。祟る鬼を祀り、なだめすかせば、今度は幸をもたらす恵みの神（和魂(にぎみたま)）に変身する。神道の原理はこれだ。あまりにも簡単なので、逆に誰も説明してくれない。

また、昔話で鬼退治に童子が赴(おもむ)くのは、童子は鬼と対等の恐ろしい存在と信じられていたからだ。

人間は産まれて死ぬ。老翁(ろうおう)は穏(おだ)やかな和魂で、タケノコのように成長する童子は生命力にあふれ、荒魂の象徴とみなされたのだ。だからこそ、「日向御子（日向童子＝日向の鬼）」が大きな意味を持っているのだ。日向御子の「日向」は「日に向かう」ではなく、素直に地名と考えるべきではあるまいか。すなわち、「日向＝南部九州から連れて来られた鬼のように恐ろしい御子（童子）」である。

どういうことか、説明しよう。

崇神天皇が恐れたのは疫神（祟り神）だ。しかも、古代の疫病は、たいがいの場合、朝鮮半島からもたらされた。まず、九州で流行し、じわじわと東に向かってくる。その恐怖心といったら……。そして、誰しも「祟る疫神は九州に降臨する」と考えたに違いないのだ。

奈良時代にも、この世の春を謳歌していた藤原不比等の四人の子（武智麻呂、房前、宇合、麻呂）があっという間に天然痘で全滅している。この時も、天然痘は北部九州で大流行して、やがて平城京を襲っている。西からやって来る疫神の猛威に震え上がったのだ。

問題は、ヤマト勢力が黎明期に北部九州に進出し、奴国（阿曇氏）とその関連する人々（天皇家の祖も含まれる）を追いやってしまったことだ。零落した人々は南部九州に逼塞し、ヤマトを恨んでいたことだろう。崇神天皇にすれば、祟られる心当たりはあっただろうし、**九州の疫神を退治するには、疫神と同じぐらい力をもった神、あるいは疫神に対抗できる者に祀らせる必要があった**。そして、それは疫神の子（大物主神の子の大田田根子）で、「日向御子」だったのだろう。零落して恨む一族の跡継ぎをヤマトに連れてきて、疫神を鎮める。その役目を担ったのが神武天皇（日向御子）なのであろう。

ちなみに、第十代崇神天皇は、ニギハヤヒのことだと思う。『日本書紀』は崇神天皇の母を物部系と設定している。

◎藤原氏略系図（藤原四子）

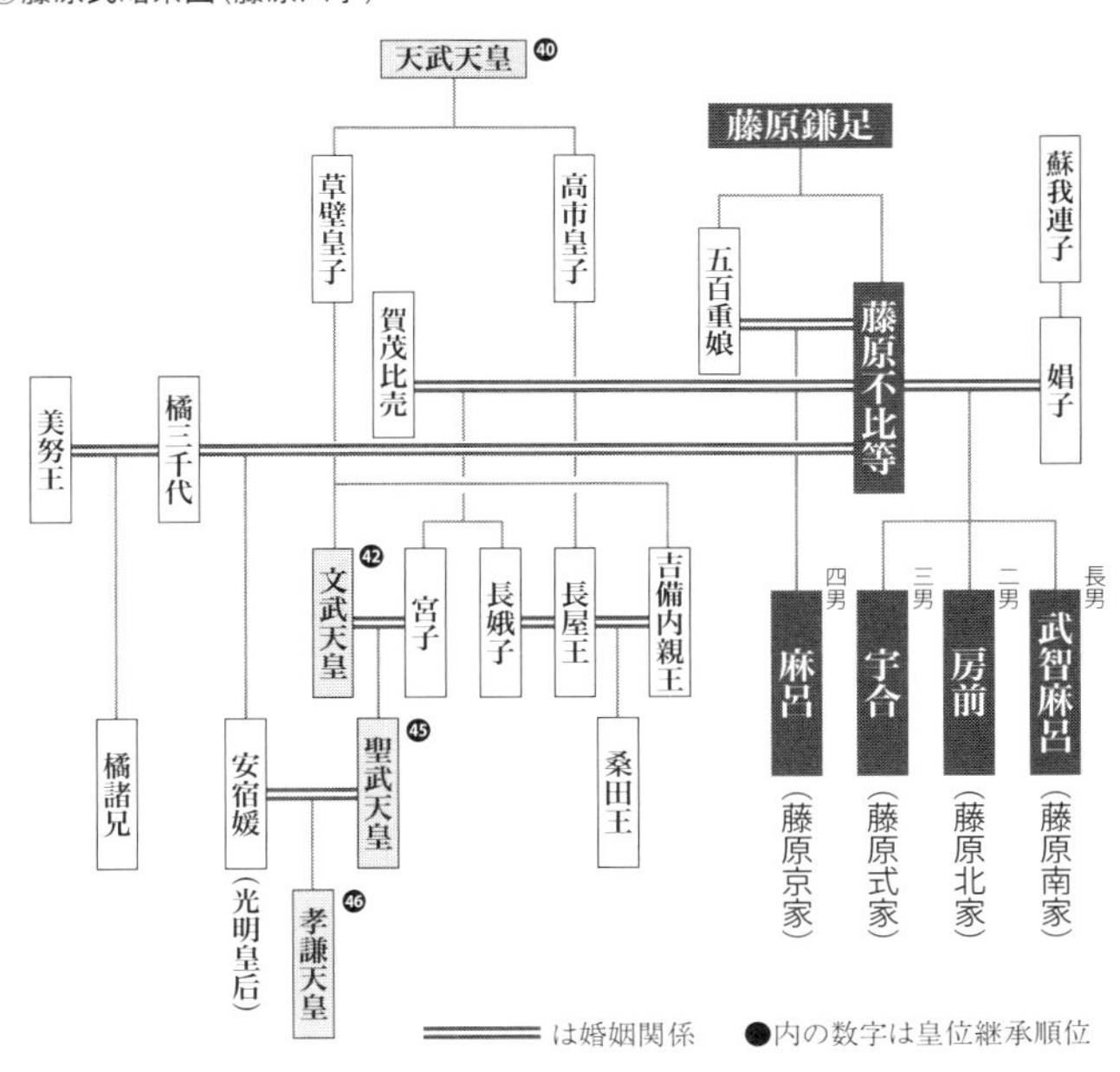

神武天皇がヤマト入りしようとすると、ナガスネビコは抵抗し、ニギハヤヒ（崇神天皇）は、ナガスネビコを殺して神武を招き入れた。

なぜ、このようなことが起きたかといえば、「神の言葉を信じたかどうか」の差と思惑の違いがあったのだろう。主導権を握っていたニギハヤヒが、抵抗するナガスネビコを切り捨てたのだ。

ただし、大物主神は出雲の神だから、この仮説に違和感を覚えられる人も多いだろう。このあたりの事情は複雑なので、他の拙著を参照していただきたい。

最後に残った問題は、なぜ、神武が橿原宮に住み始めたのかである。

興味深いのは、弥生（稲作）の波が西から東に向かっていた頃、奈良盆地に土偶が造られていることなのだ。西からやって来る水田稲作をはね返そうとしていたのだろう。あるいは、稲作とともに伝わった戦争や、疫病をきらったのだろう。しかも、土偶が橿原市から見つかっているのだから無視できない。

現代人にはわからない何かが橿原にあると信じられていて、ここが呪術をするのに最もふさわしい場所という意識があったのだろう。神武天皇もこの伝統に則って、橿原の地で疫神を祀っていたのではなかろうか。

実権を伴わない、神（鬼）のようなヤマトの王は、こうして誕生したのだと思う。そして、実質的にヤマトの政局を動かしていたのは、ニギハヤヒら、実力者だっただろう。

ここに前方後円墳体制は完成し、長い平和な時代が訪れる。問題は、ここにもう一つ、政権の屋台骨を支(ささ)える統治システムが構築されていたのだが、その様子は、次の章で紹介しよう。

古代ヤマト政権の鍵を握っていたのは、女性である。古代史は女性を軸に考えないと、真相はつかめてこない。男性の系図など、何の役にも立たないのだ。神武天皇がそうだったように、母や祖母ら、女性との関わりが重要な意味をもってくる。母親は誰だったのか、妃(きさき)は誰なのか、そこに注目しなければならない理由があるのだ。

【第三章】のここがポイント

古代史、いや、日本史最大の謎は、「天皇とは何者なのか」であろう。なぜ、天皇に歯向かえば恐ろしい目に遭うと、みな信じていたのだろうか。長い間、権力を持たなかったはずなのに、なぜ、恐ろしいのだろうか。

やはり、ヤマト建国時の王家の正体が知りたくなる。ヒントを握っていたのは、海の民＝海人だ。

森が深く、起伏に富んだ日本列島を騎馬民族が征服したという仮説は、もはや支持することはできない。日本に必要だったのは、馬ではなく舟（水運）である。縄文時代の早い段階で、東南アジアの幻の大陸スンダランドから、優秀な海人が日本列島にたどり着いていた。神武天皇の母と祖母が二人とも海神の娘だったところに、天皇家の正体を知る手がかりが隠されていた。弥生時代後期の倭国を代表する奴国は、海人の王国だったが、三世紀にヤマトに攻められ、貴種たちは、南部九州に逃れたのだった。

そして、**ヤマト建国後に疫病が蔓延し、それを祟りと感じたヤマト政権が、奴国から逃れた貴種の末裔を、ヤマトに呼び寄せ、王に立てたものと思われる。**

第四章

女性から読み解く古代の真実

……古代は女性が牛耳(ぎゅうじ)っていた!

天皇が権力を握ることもあった

古代史を理解するには、女性の活躍を知らなければならない。古代の女性は、絶大な力を握っていたのだ。**ヤマト建国時から八世紀に至るまで、女性は活躍し続けた。現代人には想像がつかないほどの影響力を行使していたのだ。**その歴史をふり返ってみよう。

さて、「天皇は権力者なのかどうか」という問題に関して、史学者は結論を出していない。黎明期の王（大王、天皇）は権力者であり、七世紀には蘇我（そが）氏が台頭して権力を奪ったとする考え方がある。

もちろん、ヤマト建国時から今日に至るまで、王の立ち位置や性格は同じだったわけではない。常に変化していた可能性を疑っておいたほうがよい。カメレオンの体の色のように変幻自在だったはずだ。しかし、原則的には祭司王（さいしおう）だったと思う。しかも、祭司王による統治システムに、女性が大いに関わっていたと思われる。そう考える理由をこれから説明したい。

ヤマト黎明期の王は祭司王で、実権を伴ってなかった可能性が高い。前述したように、考古学が纒向（まきむく）遺跡の成り立ちを明らかにしてくれて、強い王がヤマトを征服したとは考えられなくなった。もし天皇に権力があったとしても、「寄合（よりあい）の調整役」というレベルだったろう。

ところが、四世紀末から五世紀にかけて、朝鮮半島の高句麗（こうくり）が南下政策をとったことで、激震が走る。ヤマト政権は朝鮮半島南部の伽耶（かや）の地域の鉄を輸入していたから、この利権を守るためにも朝鮮半島に出兵した。もちろん、遠征軍は豪族（首長）たちの寄せ集めだったが、他の国からみれば、ヤマトの王が派遣した軍団である。そのため、東アジアの中でヤマトの王は名を馳（は）せていったのだ。

さらに、軍をまとめ上げるリーダーシップと迅速な遠征軍を編成する必要があったから、しだいに王の発言力は高まっていったようだ。

五世紀のヤマトの王たちは、中国の宋（そう）に爵位を求めている。『宋書』倭国伝に登場

する五人の王（「讃・珍・済・興・武」）で、いわゆる「倭の五王」たちだ。『日本書紀』に登場する仁徳（あるいは履中か応神）、反正（あるいは仁徳）、允恭、安康、雄略に比定されている。

五世紀後半には、雄略天皇（『宋書』が記録する「武王」）が登場し、中央集権国家への模索が始まったが、反動が起きて混乱が発生し、王統まで乱れてしまった。やはり、日本人は「強い王を嫌う」ようだ。七世紀には隋や唐に真似て律令制度の導入へ動き始め、中央集権国家の建設が始まった。しかし、完成した律令制度は、中国のものとは異なり、原則として天皇に実権は渡されなかった。太政官（今でいえば、内閣のようなもの）の合議で決まった案件を天皇が追認して文章に記されて、ようやく効力を発揮するという形をとった。

結局、**日本人は独裁者を排除する伝統を守ってきたのだ。天皇も、原則的に実権を持たないものであったのだ。**

ただし、例外はあった。まず、七世紀後半から八世紀初頭、律令制度を整備するまでの間、一時的に天皇と皇族だけで政務を執りしきる体制が敷かれた。これを「皇親政治」と呼んでいる。

律令制度は土地制度でもあり、豪族の私有地をいったん国（天皇）が吸い上げ、戸籍を作って民に公平に分配する。

そのうえで、豪族たちには官位や役職を与え、サラリーを払う。この裁量は合議制では無理なのである。

女性を中心にした神道の原理

ヤマト建国の直前の日本列島は、「倭国大乱」と呼ばれていて、強い王が現われてもおかしくはなかった。それなのに、なぜ、ヤマト建国の段階で祭司王が生まれていたのか、不思議に思う。**じつはここで、女性が大きな活躍をしていたのだ。**

ヒントは、神話に隠されていると思う。スサノヲの八岐大蛇退治だ。

天上界（高天原）で暴れ回ったために地上界に追放されたスサノヲだが、出雲国の簸の川（島根県の斐伊川）の上流に舞い下りてから大活躍をする。

ここで、スサノヲは国津神の脚摩乳と妻の手摩乳に出逢う。彼らは一人の童女（奇稲田姫）とともに泣いていた。尋ねれば、八人の娘がいたが、八岐大蛇に呑まれてしまい、最後の一人も呑まれてしまうというのだ。

そこで、スサノヲは助ける代わりに娘を献上しないかと持ちかけた。こうして、

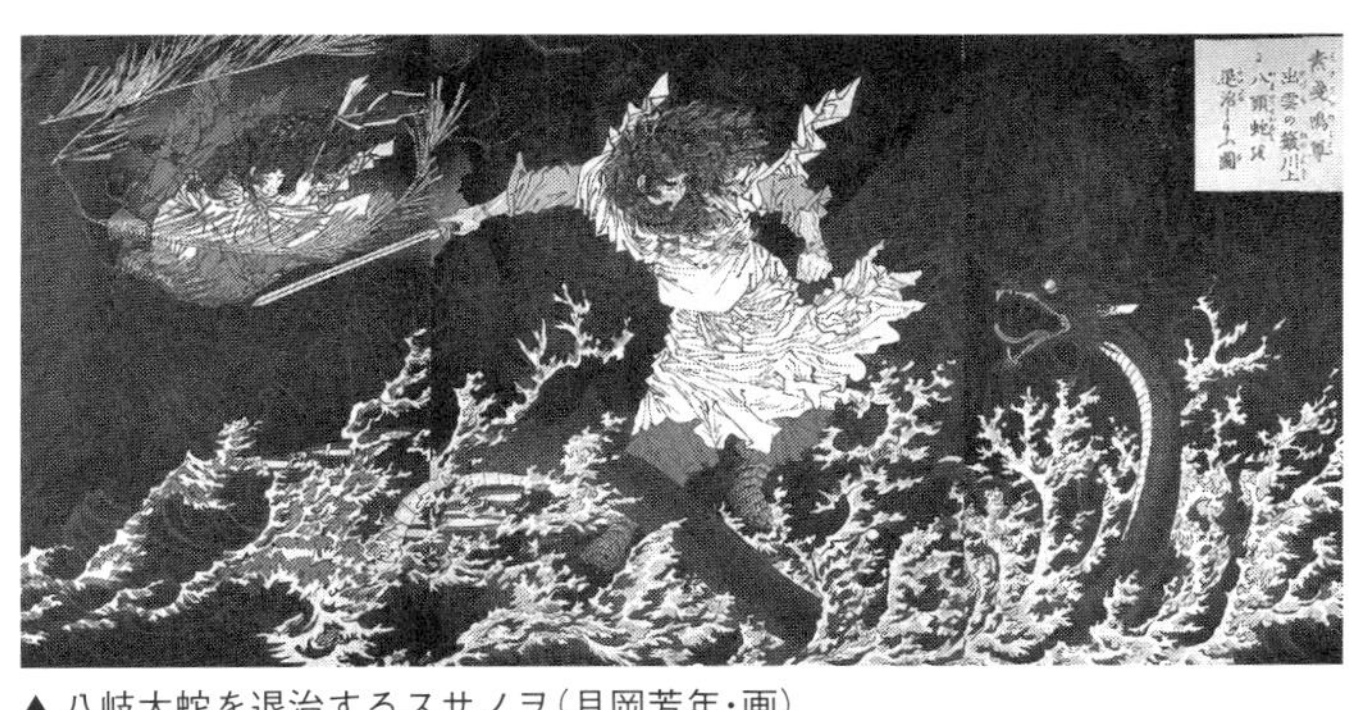

▲ 八岐大蛇を退治するスサノヲ（月岡芳年・画）

スサノヲは八岐大蛇を退治し、出雲の清地（島根県雲南市大東町須賀）に宮を建て、奇稲田姫と結ばれた……。

この神話は何を意味しているのだろうか。ヒントはいくつもある。まず、スサノヲは天上界で暴れ回る神だったことだ。日本人にとって、神は大自然と同一で災害をもたらすが、これを丁重に祀れば、逆に恵みをもたらす神に変身する。暴れる力に比例して、恵む力も増す。だから、スサノヲは神の中の神なのだ。

そして、八岐大蛇も強敵だが、その神に娘をさし出すという話は太古の生け贄を表現しているのだろう。この風習をスサノヲは別の形にすり替えたのだ。それは、暴れ者だった神（スサノヲ）が妻（奇稲田姫）を娶ることで出雲に恵みをもたらす神に変身し、活躍していく。童女を生け贄にしてしまうのではなく、「神の妻としてささげる」ことで神をなだめすかそうという策だ。要は、神と童女（巫女）が性的関係（観念的）を結ぶようになったのだ。

問題は、ここからだ。

天皇（A）のもとに嫁いだ妃（B）が子を生む（もちろん、妃は一人ではない）。仮に（B）が生んだ男子を（C）、女子を（D）としよう。あまたいる（A）の御子の中から（B）の生んだ（C）が即位した。すると、（C）は姉妹やミウチの女性の中から巫女（のちの時代の斎王）を選び出す。それが（D）だ。

（D）は神に仕え、神の妻になり、性的につながることで荒ぶる神（荒魂）を鎮めて穏やかで幸をもたらす神（和魂）になっていただく。そして、神は（D）にパワーを与え、そのパワーを（D）は（C）に向けて放射する。これがいわゆる「妹の力」と呼ばれるものだ。

さらに、神は（D）に託宣を下し、（D）はその神の言葉を王の（C）に伝え、（C）はそれを政治に活かす（具体的には配下の者に神の言葉を伝えて、政策を具現化する）。

これが国家の行なう「神道祭祀（しんとうさいし）」の原理なのだ。

神託は妃の実家の意志

この神道祭祀の図式は、ヤマト建国の前後から、少なくとも六世紀末か七世紀まで継続している。

「魏志倭人伝」に次の記述がある。

女王卑弥呼は鬼道（きどう）に仕え、よく衆（しゅう）を惑（まど）わした。年齢を重ねたが、夫はなく、弟が治政を担当した。王となってから人前には出ず、見た人は稀（まれ）だった。婢（ひ）千人が侍（はべ）り、ただ一人の男子が飲食を給仕し、連絡を行なうために出入りしていた……。

姉が祭祀に明け暮れ、弟が実務を担当していたという。

六世紀にヤマト政権は隋に使者を送っていて、『隋書』倭国伝に、詳細に語られていて、ここでも卑弥呼と同じようなことをしている。

隋の開皇二十年（六〇〇）、倭王は使いを遣わし、隋の王宮にやってきた。文帝は役人に命じて倭国の風俗を尋ねさせた。すると、次のように答えている。

「倭王は天を兄となし、日を弟としている。夜が明ける前に兄は政務を行ない、その間、あぐらをかいて座っている。夜が明ければ、弟に委ねます」

これを聞いた文帝は、「此れ太だ義理無し（なんと馬鹿げたことを）」と言い、諭して改めさせた……。

ここにある「兄と弟」は、「姉（妹）と弟（兄）」を指している。おそらく姉が祭祀を執り行ない、弟が実務を担当していたのだろう。

これで刺激を受けたのだろうか。飛鳥の政権と聖徳太子は、中央集権国家の建設を急ぐのだが、文帝が驚いたように、この統治システムは本当に時代遅れで野蛮だった

◎鬼道に仕える卑弥呼

のだろうか。ここに、日本の古代人の知恵が隠されていたように思えてならないのである。

夜、姉（巫女）が宮に籠もるのは、神の妻になるからだ。朝になって弟（王）が交替する時、託宣が伝えられたのだろう。そして、実務に神の言葉が反映される。

もちろん、この経過だけをみていると、じつに非科学的で、隋の文帝が呆れたという話も納得できる。ところが、この一見「前近代的」な祭祀様式の背後に、じつに巧妙なカラクリが用意されていたのだ。

前項の図式でいうと、まず問題は、神から女子（D）に下される託宣だ。これは本当に神の言葉なのだろうか（……そんな疑問は不謹慎な！）。そうではなく、（D）の作り話ではあるまいか。もっというならば、（D）の母（B、先王の妃）の言葉ではあるまいか。

さらにいうならば、（B）の実家の意志ではなかったか。つまり、神の言葉は、女系を通じて、妃（B）をあてがったこの時代の実力者（権力者）の意志が天皇（A）に伝わり、神の言葉となり、巫女（D）から王の（C）に伝わり、政策が具現化され、（B）の実家の思惑に神の権威と正当性が与えられたわけである。

よく、藤原氏は七世紀の蘇我氏の真似をして、天皇に娘を嫁がせ、外戚（がいせき）の地位を獲得して盤石（ばんじゃく）な体制を敷いたと指摘される。しかしこれは、蘇我氏が考え出した統治システムではない。すでに、神武天皇が王（大王、天皇）に担ぎ上げられた時点で、カラクリは完成していたと思う。

「天皇家の外戚になって実権を握る」というシステムの原理は、この「女性の力」をうまく利用したもので、しかも、スサノヲの時代から、形成されつつあったと思えてくるのである。

もちろん、スサノヲは神話なのだから、実際にはヤマト建国時に、ゆるやかな連合体を形成する際に、採用されたのだろう。

古代は母系社会で、通（かよ）い婚（男性が女性の家に通う）が常識だった。神とつながる女性は、大切にされていたのだ。

では、この祭祀と王の統治システム、いつ頃まで継承されたのだろうか。七世紀後半の天武（てんむ）天皇の時代までは、伝統は受け継がれている。天皇の身内の女性が巫女（斎王）に選ばれ、斎宮（さいくう）に派遣された。天武朝の場合、大津皇子（おおつのみこ）の姉・大来皇女（おおくのひめみこ）が選ばれている。大来皇女は伊勢の神の妻になったのだろう。

ところが、このあとからおかしなことになっていく。天武天皇亡き後、伊勢神宮が整備され、『日本書紀』が編纂（へんさん）され、王家が祀る太陽神・天照大神（あまてらすおおみかみ）は女神と喧伝（けんでん）されてしまったのだ。

男神の天照大神を祀っていたからこそ、女性の発言力は絶大だった

平塚らいてうは「元始、女性は実に太陽であった」と述べている。しかし、これはあやしい。『日本書紀』が、本来男神だったアマテラス（天照大神）を女性に仕立て上げてしまった可能性が高い。

なぜ、そのような事態が起きてしまったのか、理由は後に説明するが、伊勢内宮の天照大神は、「独り身で寂しいから」と、もう一柱の神を伊勢に招いている。それが外宮の豊受大神で、「独り身」の女神が別の女神を招き寄せているのは、腑に落ちない。

謡曲「三輪」の中で、三輪明神は、「伊勢と三輪の神が一体分身だということを、なんでいまさら改まって述べる必要があろうか」と訴えている。三輪の神とは、要するに崇神天皇を震え上がらせた大物主神のことで、もちろん男神だ。

▲伊勢神宮正殿の床下には、神の御霊が宿るとされる「心の御柱」がある

伊勢に遣わされた斎王（巫女）のもとに、夜な夜な伊勢の神が通ってきて、朝になると寝床に蛇のウロコが落ちていたという話がまことしやかに語り継がれている。

伊勢神宮の正殿床下には、地面から柱が突き出ていて、これは誰も見てはいけない、触れてもいけない「秘中の秘」なので、「心の御柱」と呼ばれている。伊勢の古い信仰で、リンガ（男根）ではないかと推理されている。

伊勢の神を祀るうえで中心的な役割を担うのは、「大物忌」という童女だ。心の御柱も唯一、大物忌だけ祀ることができる。

この童女・大物忌とは、いったい何者だ

ろうか。

こういうことではあるまいか。斎王は和魂としての伊勢の神（男神の天照大神）の妻になるが、その前に大物忌は「童女として鬼退治をしている」のだろう。まだ荒々しい鬼の天照大神があまりにも恐ろしいために、まず大物忌が抑え込む役目を担っているのだろう。そのうえで、斎王が天照大神の妻になるという二重構造だ。

「天照大神は男神」といえば、女性たちはがっかりするかもしれない。しかし、**天照大神が男神で、大暴れする神だったからこそ、古代の女性は神とつながり、恐ろしい神の権威を借りて、男性たちを動かしていたのだ。**たとえば、ヤマトの男王も身内の巫女や母の実家のいうことには逆らえなかったわけで、じつにか弱い存在だったのだ。

聖武天皇は藤原氏のための天皇だったのか

ここで話は、八世紀の奈良時代に飛ぶ。壮絶な政争がくり広げられていて、しかも女性の力が大きな影響を及ぼしていたからだ。古代の女性の実力を知ることのできる事例を紹介しておこう。聖武天皇と正妃・光明子の話だ。

天平十二年（七四〇）十月二十六日、聖武天皇は唐突に関東行幸を始める。九州で乱が起きている最中、彷徨を始めたのだ。伊賀、伊勢、美濃、不破（関ヶ原）、近江（滋賀県）をめぐり、山背国の恭仁京（京都府木津川市）に入って、ここを都に定めた。

▲聖武天皇の謎の行動はなぜ?

その後、紫香楽宮（滋賀県甲賀市）に移り、難波宮遷都を画策するなどして結局、平城京に戻ったのは天平十七年（七四五）五月のことで、足かけ五年間、さまよっていたのだ。

この謎の行動について、史学者の多くは「ノイローゼ」、「後押しする権力者が入れ替わって振り回された」と低い評価を下す。

しかし、みんな聖武天皇を見誤っている。この人物は、自家の繁栄だけを願う藤原氏と戦い続けた名君なのである。

背景を説明しよう。

聖武天皇の母は藤原不比等（ふじわらのふひと）の娘の宮子（みやこ）、正妃も藤原不比等の娘の光明子で、「藤原の子」、「藤原氏のためにこの世に生を享（う）けた皇族」だった。藤原氏が初めて外戚の地位を手に入れたのも聖武天皇即位の時だった。藤原氏は「傀儡（かいらい）の聖武天皇」を玉座（ぎょくざ）に押し上げ、いうことを聞かない政敵を次々となぎ倒し、独裁権力を握ったのだ。

ところが、天平九年（七三七）、この世の春を謳歌（おうか）していた藤原不比等の子・藤原四子（武智麻呂、房前、宇合、麻呂）が、天然痘の病魔に襲われ、全滅してしまったのだ。

権力の空白が生まれ、藤原に押さえつけられていた者たちが立ち上がる。橘諸兄（たちばなのもろえ）を筆頭に、僧・玄昉（げんぼう）、吉備真備（きびのまきび）らが頭角を現し、不慮の事態とはいえ、「藤原のための聖武天皇」は反藤原派に囲まれてしまったのだ。

▲東大寺金堂（大仏殿）

◀聖武天皇の発願で造られた盧舎那仏像。焼けるたびに修復された

ただし、藤原氏は没落したが、すぐに反撃の狼煙が九州で上がっている（藤原広嗣の乱）。これを受けて、聖武天皇は関東行幸に出発したのだ。

反藤原派が聖武天皇を抱えて東に逃げたのか、あるいは通説がいうように、ノイローゼ気味だった聖武天皇（あくまで史学者の推論だが）が、血迷って迷走を始めたのか、真相はわかっていない。

こののち、聖武天皇は東大寺（奈良市）を建立し、全国に国分寺と国分尼寺を造営させている。この時代、天候不順や天災が続き、また疫病が流行し、人々は苦しんでいた。それにもかかわらず、なぜ、聖武天皇は大きな公共事業を立ち上げたのだろうか。多くの史学者が指摘するように、聖武天皇はぼんくらだったのだろうか。

光明子の不可解な行動の謎

聖武天皇の行動の真意を説き明かせないのは、「男性の歴史」しか見ていないからだ。聖武天皇を理解するには、とり巻きの女性たちに注目しなければならない。

まず、光明子の動きがあやしい。

聖武天皇を背後から自在に操っていたのではないか、と一般には信じられている。『楽毅論（がくきろん）』に残された署名「藤三娘（とうさんじょう）」の男勝（まさ）りな書体がじつに印象的だ。しかも、ここで「私は藤原不比等の娘（三女）」と高らかに宣言している。

ところで、光明子は聖武天皇以上に不可解な行動をくり返している。

まず、異常に法隆寺にこだわっている。必死に寄進し、東院伽藍（がらん）（夢殿（ゆめどの））建立も手

▲法隆寺夢殿

◀秘蔵されている救世観音像

がけ、聖徳太子等身像とされる救世観音（ぐぜかんのん）を丁重に祀っている。光明子は慈善事業も手がけている。悲田院（ひでんいん）と施薬院（せやくいん）を設け、貧しい人、病んでいる人を救済した。

さらに、東大寺建立のきっかけを作ったのも光明子だ。

戦後の唯物史観（ゆいぶつしかん）全盛期の時代、東大寺は「天皇権力による民衆搾取（さくしゅ）の象徴」という視点で語られもした。山上憶良（やまのうえのおくら）の『貧窮問答歌（ひんきゅうもんどうか）』が作られたのも、ちょうどこの時代だ。

聖武天皇は天平十五年（七四三）冬十月十五日の大仏発願（ほつがん）の詔（みことのり）の中で、次のように述べている。

「天下の富と権力を持っているのは朕（私）だ。その富と権力を使い、大仏を造ろうと思う」

なんと傲慢な態度だろう。多くの史学者が憤慨したのも当然かもしれない。ところが、この詔には続きがある。

「朕の富と力をもって造仏すれば簡単だろう。しかし、それでは理念にそぐわない。みんなの力を寄せ集めて、大仏を造ろう。一枝の草、一つかみの土を持ち寄って、みんなの大仏を造ろう」

と呼びかけている（『続日本紀』）。前半とは真逆のことをいっている。

聖武は民のために民の力で仏を造ろうと呼びかけていたのだ。

聖武をつき動かすきっかけがあった。天平十二年（七四〇）、聖武天皇は河内国大県郡の知識寺に鎮座する盧舎那仏を礼拝し、自身も同じものを造りたいと考えた。そして、光明子の勧めもあった。

このあたり、少し説明が必要だ。まず、「知識寺」はただの寺ではない。仏教公伝（五三八あるいは五五二年）以来、仏寺は天皇や皇族、有力豪族らの手によって建立された。一部の特権階級の私物といっても過言ではなかった。ところが、河内の僧・行基（ぎょうき）が「多くの人々の手を借りて、仏寺を建てよう」と目論んだ。その力を貸す人々を「善知識（ぜんちしき）（智識）」と呼び、建てた寺が知識寺だった。天然痘の流行や天変地異に苦しめられている人たちが、自分たちの力で、疫神を退治しようという発想である。聖武天皇はその姿勢に感銘を受けたのだ。

つまり、東大寺は天皇権力の横暴、搾取などではなく、庶民の力を結集することに意味を見出したわけだ。

では、なぜ、良家の子女（最高権力者・藤原不比等の娘）が庶民の味方になったのだろうか。しかも、行基の活動を、藤原氏は弾圧していたのだ。律令の矛盾（むじゅん）に人々は悲鳴を上げ、土地を離れ流浪し、優婆塞（うばそく）（朝廷の許しを得ないで勝手に僧になろうとした人たち、私度僧（しどそう））となって、行基のもとに結集していた。優婆塞が増えれば、税収が落ち込むのだから、藤原氏は彼らを危険視した。ところが、優婆塞の頭領だった行基の活動を光明子は評価し、聖武天皇は乞食（こじき）坊主の親方・行基を仏教界の頂点、大僧正に大抜擢しているのだ。

背後の女性の存在を見直すと、古代史の謎が解ける

聖武天皇と光明子の行動の真相を明らかにするために、一人の女性に注目しなければならない。光明子の母で藤原不比等の妻になった県犬養三千代（あがたいぬかいのみちよ）だ。この人物の正体がわからなかったから、古代史の謎は解けなかったといっても過言ではない。

県犬養三千代は最初、他の皇族と結ばれ、子をなしていた。その子こそ、のちに反藤原派のトップに立つ橘諸兄だ。

県犬養三千代の夫婦は反藤原派だった。どうやら、藤原不比等は県犬養三千代を手に入れるために、その夫を九州に送り込み、その隙に県犬養三千代を寝取ってしまったようだ。県犬養三千代は、後宮（こうきゅう）（江戸時代でいえば、大奥）の実力者で頭がきれた。この人物をおさえれば、天皇に「藤原の妃」を送り込み、それ以外の妃を排除し、藤原系の皇太子の即位を実現できると踏んだのだろう。

　その結果、目論み通り、文武天皇の妃で藤原不比等の娘・宮子の生んだ首皇子が即位して聖武天皇になった。

　藤原氏は、伝統的に楯つく者、邪魔な者は皇族でも抹殺するような人々だった。だから、県犬養三千代は家族を守るために、やむなく藤原不比等に「従ったふり」をしていたようだ。

▲藤原千年の基礎を築いた藤原不比等

　ところが、県犬養三千代に転機が訪れる。藤原不比等が亡くなり、藤原四子が朝堂をほぼ独占したが、天然痘の病魔によって全滅してしまった。ここで、県犬養三千代は娘の光明子とともにとり憑かれたように、法隆寺に寄進を始めるのだ。これは、いったい、どういうことだろうか。

　伏線はある。まず、神亀六年（七二九）長屋王滅亡事件だ。藤原四子は、反藤原派の皇族で邪魔になった長屋王に謀反の濡れ衣を着せて、家族もろとも滅亡に追い込んだ。藤原四子が全滅したのはその八年後で、誰もが「長屋王一族の祟り」と気づいた。藤原氏の片棒を担いでいた県犬養三千代も震え上がった。そして、懺悔し、藤原の容赦ない卑劣な手口を深く憎んだはずだ。

ならば、なぜ、法隆寺を祀り始めたのかというと、ここが蘇我系皇族・聖徳太子を祀る寺だったことから、長屋王ら非業の死をとげた反藤原派を十把一絡げにして法隆寺に祀ったのだ（拙著『藤原氏の正体』新潮文庫）。長屋王の妃は蘇我系皇族だったから、法隆寺がふさわしかったのだろう。

ここまでわかれば、光明子の立場が明確になる。

藤原四子が全滅した直後、聖武天皇は母・宮子に三十数年ぶりに再会している。聖武を生み落とした直後、宮子は精神を患い、藤原不比等の館に幽閉されていた。その後、母子は一度も会っていなかったのだ。

ところが、藤原四子全滅のあと、宮子は僧・玄昉の一度の介抱で「豁然と開悟した」という。最初から病気ではなかったのだろう。

藤原不比等は、聖武を「純粋な藤原の子」に育て上げるため、宮子が邪魔になったのだろう。宮子の母は賀茂比売（かものひめ）で、ヤマトの古豪・賀茂氏との関係から聖武に何かしらの影響を与えると考えたのだろう。すでに述べてきたように、古代は母系中心の社会で、「母親の力」はじつに大きかったからだ。

では、誰が聖武と宮子を引き合わせたのかというと、光明子以外に考えられない。藤原不比等の死後、藤原不比等の邸宅を引き継いだのは光明子だった。幽閉された「異母姉」の悲劇を知っていた光明子は、宮子を解放して聖武の手を引き、母のもとに連れて行った。聖武天皇が「藤原の子」から「反藤原の天皇」に豹変した瞬間であり、光明子が描いたシナリオでもある。これは、「女の反乱」ではなかろうか。

光明子は母と姉の悲劇をつぶさに見てきた。**光明子は「藤原不比等の娘」だが、一方で、「県犬養三千代の娘」であり、周囲は「藤原不比等の娘」であることに期待し、光明子はその通り行動していたが、藤原四子が全滅した瞬間、本当は「藤原不比等を恨み続けた県犬養三千代の娘」であったことを、前面に打ち出したのだろう。**

古代史の謎の多くは、女性を見つめ直すことで、解き明かすことができるのである。

【第四章】のここがポイント

ヤマト建国時の男王が祭司王だったとして、いったい、誰が権力を握っていたのかという謎が残る。ヒントを握っていたのは、女性だ。

王に嫁入りした女性に子供が生まれる。その男子が次の王に立ち、王の姉妹や親族が、巫女（みこ）となって神に仕（つか）える。巫女は神（男神）と擬似結婚をし、神をなだめすかし、神のパワーを授（さず）かる。そのパワーを、王に放射し、国の安寧を願う。その一方で、神から授かった託宣を、王に伝え、政策に活かされるが、その神託が巫女の母の実家の意志だったのだろう。つまり、王家の外戚になった者が、本当の権力者になれるというカラクリが、すでにヤマト建国の時代に完成していた可能性が出てくる。

古代史は、男系だけを見ていても、何もわからないのだ。女系の系図を見直す必要がある。たとえば、八世紀の光明子も、藤原不比等の娘だから「藤原のために働いた女性」とみなされてきたが、母親は藤原不比等に恨みをいだく県犬養三千代だった。光明子は母の気持ちを忘れず、仮面を剥（は）がせば、「反藤原の女」が姿を現すのだ。

第五章

記紀から読み解く古代の真実

……『古事記』と『日本書紀』、そして『万葉集』の秘密

『古事記』は非常識な歴史書？

『古事記』と『日本書紀』は、古代史を解明するためになくてはならない歴史書だ。『古事記』は、神代から七世紀前半の推古天皇までを記録する。『日本書紀』は、神代から七世紀後半の持統天皇までの歴史を綴っている。どちらもほぼ同じ時代に編纂されている（異論もある）。

二つの歴史書は謎だらけだ。まずは、『古事記』から説明しよう。

『古事記』の神話に慣れ親しんだ人は多いだろうが、この文書はじつにあやしい。偽書の可能性も高い。

『古事記』の序文に、この文書の編纂を指示したのは天武天皇とある。その中で、壬申の乱（六七二年）の勇ましい姿が活写されている。飛鳥で即位した天武は、次のように語っている。

「朕（私）が聞くところによると、諸家に伝わる帝紀（帝王の事蹟を記した文書）と旧辞（歴史物語）は、すでに真実と異なり、偽りも多いらしい。そこで、その誤りを直さなければならない。帝紀と旧辞は国家の基本であり、よく調べ、誤りを訂正し、真相をあきらかにし、撰録（文章に記録する）して後世に伝えたい」

ところが、天武天皇の願いはなかなか叶わなかった。そして、元明天皇（天智天皇の娘で持統天皇の妹）が、和銅四年（七一一）九月に太安万侶に命じ、稗田阿礼の誦む「勅語の旧辞（天武天皇が文書ではなく、口頭で命じていたことになる）」を撰録させるよう命じ、和銅五年（七一二）正月に撰進（編集して天皇に奉る）されていたといっている。

いくつも疑問があるが、**元明天皇が撰録を命じてからわずか四ヵ月で、『古事記』は編纂されていたことになる。突貫工事だが、あまりにも速い。**

『古事記』は上中下三巻からなる。上巻が神代、中間が初代神武天皇から第十五代応神天皇まで、下巻が第十六代仁徳天皇から第三十三代推古天皇まで記録している。

これに対し、『日本書紀』は第一巻と第二巻が神代で、第三巻からあとは第三十巻

▲ 墓碑が発見されている太安万侶

▲ 中継ぎの女帝であった元明天皇

までで、歴代天皇の歴史を語っている。分量は、『古事記』の八倍から九倍ある。

また、『日本書紀』は正史（朝廷の正式な文書）だが、『古事記』は正史ではない。『日本書紀』編纂の話は正史『続日本紀』に記録されているが、**『古事記』編纂は無視されている。序文が「和銅五年に完成した」と自称しているだけだ。**

『古事記』は五世紀末の第二十四代仁賢(にんけん)天皇の場面で歴史記述をやめて、その後は天皇の系譜と宮、御陵の説明だけを述べるに留(とど)めている。例外的に継体天皇の時代の石井(いわい)（磐井）の乱だけ、簡単な説明があるだけだ。

五世紀末から七世紀にかけて、『古事記』編纂直前の激動の時代を、なぜ語らなかったのだろうか。序文通り、天武天皇が「今残っている伝承が間違っているから、今のうちに訂正しておこう」というのなら、五世紀末から七世紀にかけての歴史も「直すべき項目がいっぱいあった」はずなのだ。

ならば、なぜ、バッサリ捨ててしまったのだろうか。ここにも、大きな謎が隠されている。ここに何か暗示が込められていたのだろうか。

『古事記』は、非常識な歴史書なのだ。

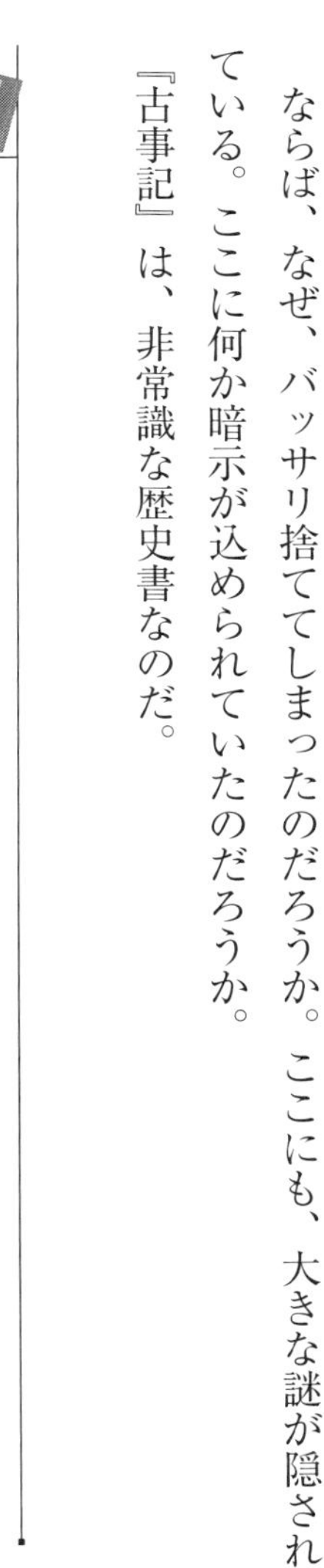

江戸時代までほとんど無名だった『古事記』

『古事記』と『日本書紀』の違いとは、なんだろうか。

まず、共通点を先に挙げておこう。『古事記』の序文に『古事記』は天武天皇が編纂を命じたとあるが、『日本書紀』も天武天皇と関わりが深いといわれている。

『日本書紀』の中で、天武天皇が歴史書（ただし、『日本書紀』とはいっていない）の編纂を命じたという記述がある。天武天皇存命中に事業は完結しなかったのだが、天武天皇の正妃（鸕野讃良、持統天皇）の姪（元正天皇）の時代に完成している。そのため、天武が編纂を発案し、天武系の王家の中で編纂が進められたと考えられている。

ならば、『日本書紀』と『古事記』の違いはなんであろうか。

『日本書紀』は『古事記』編纂から遅れること八年、養老四年（七二〇）に撰進されている。平城京遷都（七一〇）の十年後で、藤原不比等がこの世を去った年だ。

『日本書紀』の神代の記述が奇妙だ。『古事記』は、一本のしっかりした筋がある物語だが、『日本書紀』の場合は、本文のほかに異伝を無数に用意して、「どれが本当の神話なのか、わからない」状態にしてある。多くの史学者は「これこそ、奈良時代のインテリたちの良心」と説明する。

すなわち、多くの資料が残っていたため、客観性をもたせ、歴史家としての良心をみせたというのだが、それはおかしい。

中国では、正史は新王朝が滅ぼした前王朝の歴史を編纂する。前王朝の腐敗を記録し、それを倒した正当性を主張するのだ。

だから、「いろいろ神話があって、どれが本当のことか、わかりません」などと、とぼけるはずがない。現政権、新王朝にとって都合のいい神話を、統一して世に示す必要がある。この作業を怠（おこた）ったということは、本来の神話の中に政権にとって都合の悪い何かが残されていたとしか考えられない。

だからといって、整った神話を提示する『古事記』のほうが記述は正確なのかというと、そういう問題でもない。ここが複雑なところなのだ。

『古事記』は、あまりメジャーな文書ではなかった。『日本書紀』は編纂の翌年から「講筵（こうえん）（書物の内容を講義する）」が朝廷内で行なわれ、平安時代にも六回講筵が行なわれている。しかし、『古事記』は一度もない。平安時代初期に『古事記』は一度とり沙汰されるが、その後はほとんど表に出てこなかった。**『古事記』を世に出したのは、江戸時代中期の国学者本居宣長（もとおりのりなが）なのだ。**

本居宣長は、第一章でも取り上げたが、なぜ、彼は『古事記』に注目したのだろうか。『日本書紀』は漢文で書かれているが、『古事記』は純粋な漢文ではなく、一文字一文字「音」を漢字で表している（万葉文字を思い浮かべれば、わかりやすい）。これは「口誦的和文脈」と呼ばれている表現方法だ。本居宣長は『古事記』が「古語」や「歌謡」を重視し、日本的だと考えたのだ。『日本書紀』は「漢意」で、『古事記』は「大和心」だという。

このように、『古事記』が重要視されるようになったのは、「ここ最近」のことなのだ。

『日本書紀』は天武天皇のために書かれたのではない

不可解なのは、なぜ、天武天皇が二つの歴史書の編纂を命じ、同じ時代に二つの歴史書が残されたのかということだ。しかも、『日本書紀』のほうは正史になったが、『古事記』は江戸時代まで埋没している。

無視できない問題がある。朝鮮半島をめぐる思惑の差だ。

『古事記』は朝鮮半島東南部の新羅に好意的で、逆に『日本書紀』は西南部の百済をひいきにしている。

百済は新羅に攻め滅ぼされたから、百済の移民は新羅を恨んでいた。『日本書紀』編纂時、とっくに百済は滅んでいたが、それにもかかわらず、『日本書紀』は百済の肩をもち、新羅を憎んでいる。これに対し、『古事記』は新羅寄りなのだ。

仮に、一つの政権が二つの歴史をつくったとして、「異なる外交方針」はありえない話なのだ。百済滅亡後も、朝廷はほぼ「親百済」を貫いていくから、『古事記』の態度が不自然なのだ。

もう一ついわせてもらえば、天武天皇（大海人皇子）はどちらかというと親新羅派で、天武の兄の天智天皇（中大兄皇子）は強烈な親百済派だったことだ。

八世紀の朝廷は、新羅を敵対視して、遠征計画まで持ち上がっていた（未遂）のだから、政府の方針通りに『日本書紀』は「百済は悪くなかった」と主張したかったのだろう。複雑怪奇だが、これは天武天皇の主張とは相反しているのだ。

話を単純にしよう。『日本書紀』と『古事記』は、敵対勢力がそれぞれの立場で描き、『日本書紀』は正史となり、『古事記』は埋もれていったと考えれば、辻褄が合って

▲親蘇我派の天武天皇

▲反蘇我派の天智天皇

くる。ならば、なぜ、『日本書紀』は発案者・天武天皇と対立する主張を盛り込んだのだろうか。

これまで、「『日本書紀』は天武天皇の正当性を述べるために記された」というのが、史学界の「定説」になっていた。しかし、これがあやしい。

『日本書紀』の中で、歴史書の編纂を命じたのは天武天皇とされている。天武天皇は壬申の乱を制し、甥(おい)の大友皇子(おおとものみこ)を殺して玉座(ぎょくざ)を獲得した。だから、その正当性を求めて、歴史編纂を命じたというのである。そして、天武系の文武天皇、聖武天皇と、男系は天武の王家が引き継がれていくなかで、『日本書紀』は完成している。

とすれば、「『日本書紀』は天武天皇のために書かれた」というのは、当然導き出される答え

◎古事記と日本書紀の一般的な比較表

	古事記	日本書紀
発案者	天武天皇	天武天皇
編纂者	稗田阿礼・太安万侶	舎人親王ほか
編纂期間	4ヵ月	39年
形式	口誦的和文脈・紀伝体 ※1　※2	漢文・編年体 ※3
目的	国内向けに天皇家の正当性をアピール	国外に向けて日本をアピール
特徴	天皇家の歴史を示す	国家の公式な歴史を示す
性格	新羅に好意的	百済びいき
巻数	3巻	30巻
完成年	712年 (第43代元明天皇の時代)	720年 (第44代元正天皇の時代)

※1:日本語の音を漢字で表記する方法
※2:歴史を本紀、列伝などのテーマ別に分類して記述する方法
※3:歴史を年代の順序を追って叙述する方法

だったはずである。

じつは、ここに古代史の謎解きを難しくしてしまった要因がある。これが大きなボタンのかけ違いになっているのだ。

『日本書紀』は藤原氏のために書かれた歴史書

ここではっきりとさせておきたいのは、正史は朝廷の正式見解だが、それは「権力者の歴史書」だということだ（当たり前の話である）。

これまで、『日本書紀』は「天皇のために書かれたもの」と、まるで催眠術にかけられたように、みなうなずき合っていたが、本当にそれでよいのだろうか。

天皇が「真の権力者」ではなく、影から操っている人々がいたとすれば、正史とは、その影法師のために書かれたものということになりはしないか。

すでに述べたように、中国では歴史書は王朝交替とともに書かれたが、日本では原則として王家の入れ替わりはない（継体天皇の例があるではないかと反論が出そうだが、これは王朝交替ではなく婿入りなのだ。詳しい説明は後回しにする）。七世紀から八世紀にかけて、天皇家が蘇我氏に乗っ取られたわけでもない。それにもかかわらず、なぜ、八世紀の前半に『日本書紀』は編纂されたのだろうか。

ヒントは、この時代の実権を握っていたのは誰か、ということではなかろうか。

律令制度導入にあたって、天武天皇は皇親政治を展開し、天皇家の歴史の中でも特異な存在になった。ただ、律令整備とともに、実権は原則として豪族（貴族）に戻っている。太政官が強い権力を握ったのだ。大宝律令の完成が平城京遷都（七一〇年）の九年前。ここから、藤原不比等が権力者の座を目指して走り出すのだ。『日本書紀』編纂時の権力者は、藤原不比等だったのである。

ただし、史学者の多くは、なぜか「藤原不比等はそれほど強い権力を握ったわけではない」と考えている。その理由の一つは、『日本書紀』と次の正史『続日本紀』の中で、藤原不比等の活躍がほとんどみられないからだろう。

藤原不比等は、正史の中では実に地味な存在で、しかも朝堂のトップ・左大臣に登りつめていない。「左大臣が不在になっても右大臣（ナンバー2）に留まる（事実上のトップ）」という、「目立たないような、あざとい工夫」をしている。だから、長い間、注目されてこなかったのだ。しかし、ここが藤原氏のしたたかなところである。藤原千年の基礎を築いたのは中臣（藤原）鎌足ではなく、子の藤原不比等なのである。

平城京遷都の時（七一〇年）、トップの地位にいた左大臣・石上（物部）麻呂は、なぜか旧都・新益京（藤原宮）の留守役に命じられて、新都に移ることができなかった。藤原不比等の陰謀と思われる。石上麻呂は旧都とともに捨てられたのだ。

平城京は、通常の都城とは異なり、変則的な形をしている。左右対称ではなく、東北の隅に出っ張りがある。それが「外京」で、今の奈良市の繁華街だ。外京の東側部分は高台になっていて、宮城を見下ろす位置に、藤原氏は拠点を構え、興福寺を建立した。

なぜ、外京がいまだに奈良市の市街地の中心なのかといえば、外京が平城京の中の一等地だからだ。平城宮の天皇が朝日を拝む時、自然と藤原氏に頭を垂れる構図

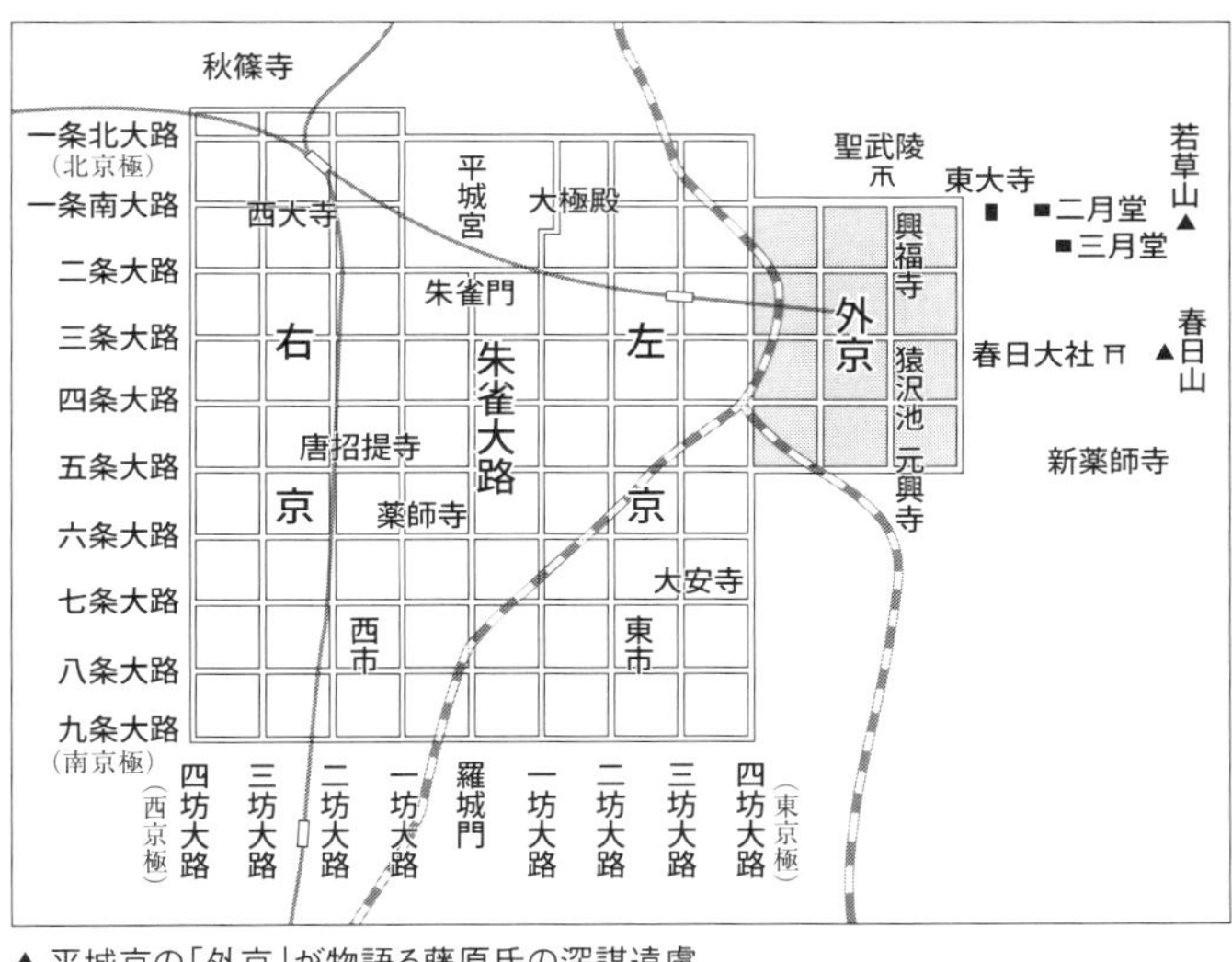

▲ 平城京の「外京」が物語る藤原氏の深謀遠慮

になっている。また、藤原氏が台頭する以前の権力者・蘇我氏の寺・元興寺（がんごうじ）は、興福寺から見下ろす場所に建てられた。

平城京は、「誰が真の実力者なのか」をみなに見せつける装置だったのである。つまり、『日本書紀』編纂の時点で、すでに藤原氏が権力者の地位を固めていたことは間違いない。平城京の外京が、文字通り動かぬ証拠なのである。

『日本書紀』は、天皇のために書かれた文書ではない。藤原政権の正当性を明らかにするための歴史書だ。

蘇我政権を滅ぼしたのは藤原氏であ

り、ここに「大きな政権交替」が起きていたのであって、だからこそ、藤原氏は「前政権の過ち」を羅列し、世直しの正当性を述べる必要があったのである。

皇族を見下す中臣（藤原）鎌足

『日本書紀』は天皇のためではなく、藤原氏の正当性を示すための歴史書だったと考えれば、『日本書紀』の読み方も変わってくるし、古代史そのもの、また、これまでの常識の多くが覆されてくることだろう。

もっともわかりやすいのは、蘇我入鹿と蘇我本宗家が滅ぼされた乙巳の変（六四五年）であろう。『日本書紀』はあらゆる手段を駆使して蘇我氏を悪者に仕立て上げ、藤原氏の正義を証明している。

まず、藤原不比等の父・中臣鎌足は、ボウフラのように歴史に湧いてくる。父母の名も記されていない。無位無官の風来坊だったにもかかわらず、蘇我入鹿の横暴を憎み、皇室の危機と考え、蘇我本宗家打倒を目指し、皇族に接近していく（なぜ、史学者たちはこの無理な設定を疑いもしないのだろうか）。

藤原氏は近世、近代まで生き残り、明治維新後は華族と持ち上げられ、戦後に至っても日本を裏から操る人脈（閨閥）を形成している。その藤原氏の最初の英雄、中臣鎌足の出自を正史『日本書紀』が載せていないのは、中臣鎌足が成り上がりだったからだろう（筆者は、人質として日本で暮らしていた百済王子・豊璋であると推理しているが）。

▲中臣鎌足は豊璋だった?!

中臣鎌足の行動は、不可解だ。初め、中臣鎌足は蘇我入鹿暗殺をともに実行するために有力な皇族を探し始める。そして、軽皇子（乙巳の変の直後に即位して孝徳天皇）と親しくなった。しかし、本命は中大兄皇子（のちの天智天皇）だったから、法興寺（飛鳥寺）

▲謎めく蘇我入鹿の暗殺事件（乙巳の変）

の槻の木の下で行なわれた打毬（正確には蹴鞠ではない）で中大兄皇子のいる輪に近づく。中大兄皇子の靴が脱げたところに駆け寄り、靴を捧げ持ち、ここから二人は意気投合し、蘇我入鹿打倒に邁進していく。

この場面は、まず、信じがたい物語になっている。これまで通り、『日本書紀』が天皇家のために記されたのなら、「天皇や皇族が、蘇我入鹿打倒のために有能な人材を物色し」、「そうこうしているうちに、中臣鎌足を見つけた」となるべきだ。

ところが、『日本書紀』は「無位無冠でどこの馬の骨とも知れぬ中臣鎌足が皇族を天秤にかけていた」といっているのだ。明らかに王家を見下している。

それだけではない。蘇我入鹿は飛鳥板蓋宮で暗殺されるのだが、その時、有力皇族の中大兄皇子が自ら剣を抜き、体を張って蘇我入鹿に向かっているのだが、中臣鎌足は背後から弓を持って高みの見物としゃれ込んでいる。この事件は、中臣鎌足がそそのかし、中大兄皇子は中臣鎌足に操られているように見える。中臣鎌足は何様のつもりなのか。

その後、しばらくして中大兄皇子は即位して天智天皇となるが、なぜか評判がよろしくない。罵声を浴び、いたる所で放火事件も起きていたことを『日本書紀』は隠そうともしない。天智天皇に冷淡なのだ。

いったい、『日本書紀』は、誰の味方なのか。ここまでわかってくれば、もはや謎はない。

『日本書紀』は、まず、中臣鎌足が蘇我本宗家を倒した事件の正当性を証明するために書かれた歴史書であり、ここを起点に古代史を読み解けば、多くの謎が解けてくるのである。

政敵・蘇我氏を頼った天智天皇

藤原氏は、七世紀前半に全盛期を迎えていた蘇我氏を滅ぼすことで力を得たのである。だから、『日本書紀』は中臣鎌足を礼讃し、行動を正当化するために、蘇我氏を大悪人に仕立て上げる必要があった。

蘇我入鹿の死後、すぐに大化改新（六四五年）が実行され、律令制度は一気に整った、と『日本書紀』が述べているのは、蘇我入鹿が私利私欲のかたまりで改革事業の邪魔になっていたからという図式を構築したかったためだ。こうして、蘇我入鹿は古代史最大の悪人となった。

しかし、近年、蘇我氏見直し論が盛り上がってきて、むしろ蘇我氏が改革事業の旗振り役だったのではないかと考えられるようになってきた。要は、藤原不比等が『日本書紀』の中で、蘇我氏を大悪人に仕立て上げ、蘇我入鹿暗殺の正当性を主張し、さらに、蘇我氏が手がけていた業績をすべて、横取りしたわけである。

そこで、問題となってくるのが『日本書紀』のみならず、『古事記』に編纂を命じたと考えられてきた天武天皇なのだ。この人物は兄・天智天皇（中大兄皇子）とは反対に親蘇我派だった可能性が高い。

蘇我入鹿暗殺現場に居合わせた皇極天皇（女帝）は、蘇我入鹿の「私にどんな罪があるのですか」という問いかけに狼狽している。このことから、皇極天皇と蘇我入鹿は男女の関係にあったのではないかと疑われたこともあったが、蘇我氏全盛期に擁立された皇極天皇が親蘇我派だった可能性はすこぶる高い（蘇我氏が皇極を擁立したということでもある）。そして、天智と天武は皇極天皇の息子なのだ。もし、「蘇我氏全盛期の皇極天皇が親蘇我派」なら、天武天皇が親蘇我派に育つのはむしろ自然で、逆に天智天皇が反蘇我派になった理由を、考えなければならない。

▲皇極天皇（重祚して、のち斉明天皇）

◎朝鮮半島遠征の日本軍船団

簡単なことだと思う。**蘇我氏が天武を高く買っていたとすれば、天智は嫉妬し、玉座を得るために蘇我氏を潰しにかかっただろう。**

そう考えると、壬申の乱（六七二年）の謎も解けてくる。

蘇我入鹿暗殺後、紆余曲折を経て中大兄皇子は母・斉明（さいめい）天皇（皇極天皇がもう一度担（かつ）ぎ上げられた～重祚という）のもとで、ようやく実権を握る。そこで、何を始めたかというと、無謀な朝鮮半島遠征だった。一度滅びた百済を復興するために、大軍を送り込んだのだ。みな、「負けるに決まっているのに」としらけきっていたが、強行した。その結果、唐と新羅の連合軍の前に、完膚なきまでに叩きのめされる。中大兄皇子は唐と新羅の連合軍が攻め寄せてくることを警戒し、各地に山城を築き、近江の大津宮（滋賀県大津市）に都を遷す。この時、みなが中大兄皇子に罵声を浴びせ、失火（放火）が各地で起きている。

大津宮で即位した天智天皇は、大海人皇子を皇太子に立て、蘇我系豪族で朝堂を固める。これは、失政続きの天智天皇が蘇我系と手を組まなければ、政治運営もままならなかったからだ。

ここに「ねじれた政権」が生まれる。天智天皇は反蘇我派なのに、重臣と皇太子は親蘇我派という、一触即発の危ない政権だった。

天智天皇は晩年、大海人皇子に「王位を譲ろう」と懐柔策をとったが、大海人皇子は身の危険を感じて吉野に逃れる。そして、天智天皇崩御（天皇の死をいう）ののち、天智天皇の子・大友皇子と大海人皇子は大津と吉野に別れてにらみ合いになる。大海人皇子は監視されていたが、敵の目をかいくぐって東国に逃れ、挙兵。一気に近江政権を攻め落としたのである。

問題は、乱勃発前後、蘇我系豪族がことごとく近江政権を裏切り、大海人皇子の勝利に貢献したことで（『日本書紀』にそう書いてある）、大海人皇子と蘇我氏の絆（きずな）の深さを物語っている。

すでに述べたように、天武天皇は親蘇我派で、天智天皇は反蘇我派なのだが、またもう一つ、外交政策は新羅をめぐって真逆（まぎゃく）だった。とすれば、『古事記』が親新羅派で『日本書紀』が親百済派なのだから、二つの文書を手がけたのがどちらの陣営だったのかは、一目瞭然ではないか。

天武系の王家の中で編まれた反天武の『日本書紀』

ただし、ここで大きな疑念が湧く。

壬申の乱を制した大海人皇子は蘇我氏の地盤の飛鳥に都を遷（うつ）し、即位する。そして、この天武天皇崩御のあと、皇太子の草壁皇子（くさかべのみこ）が即位するはずだったが、病没してしまう。そこで、天武の皇后・鸕野讃良（草壁皇子の母・持統天皇）が即位する。そのうえで、天武天皇との間の孫・珂瑠皇子（文武天皇）の即位のための時間稼ぎをして、のちに文武天皇が即位している。男系では、そのあと聖武天皇が生まれる。要はみな、天武系の天皇である。

このように、**『日本書紀』は天武系の王家の中で編まれながら、反天武的な文書に仕上がっている。**ここに大きな矛盾が隠されており、この矛盾に史学者は、いまだに気づいていない（『日本書紀』は天皇のために書かれたといい続けている）。『日本書紀』のかかえる矛盾は、どう考えればよいのだろうか。ヒントを握っているのは天智天皇の娘・鸕野讃良と中臣（藤原）鎌足の子・藤原不比等だ。

天武天皇崩御の直後、蘇我氏が推していた大津皇子（なぜ、そのようなことがいえるのか、あとで説明する）を、鸕野讃良皇女は謀反の嫌疑をかけて抹殺してしまう。このあと、鸕野讃良の子・草壁皇子が即位することなく病没すると、持統天皇（鸕野讃良）が天武の正妃の立場を利用して即位する。持統は孤立していたから、持統天皇は中臣鎌足の子の藤原不比等を大抜擢している。

問題は、持統天皇が天智天皇の娘だったことで、持統と藤原不比等のコンビは天智天皇と中臣鎌足の焼き直しなのだ。

なぜ、天智天皇の娘がこの時点で即位できたかというと、天武の子の高市皇子(たけちのみこ)との間に密約が成立したからだと思う。

即位後、持統天皇は必要以上に吉野行幸をくり返し、祭祀に明け暮れている。天武天皇は必死に新たな体制づくりに奔走していたが、当時、律令制度は未完成なのだから、持統天皇の行動は不自然だ。

こういうことではなかったか。持統は即位するが、天武の長子・高市皇子を太政大臣に就任してもらい、実権をすべて預け、律令の完成を急がせ、律令完成後に、高市皇子の即位を約束したのだろう。

高市皇子は実直な性格だったとみえ、持統天皇の言葉を信じ、蘇我氏や天武天皇の遺業を継承したが、志半ばで急死する。筆者は暗殺とみる。根拠は、『日本書紀』が高市皇子の死を明記しいていないこと、高市皇子の死の直後に持統天皇の孫が立太子したが、その会議の様子どころか、会議があったこと、立太子が決まったという事実すら、『日本書紀』は伝えていない。何か、やましいことがあったのだろう。また、持統が吉野行幸をくり返したのは、高市皇子や蘇我氏らを油断させるためだろう（くわしくは、拙著『天皇家と古代史十大事件』ＰＨＰ文庫）。

男神・天照大神を女神にすり替えた『日本書紀』

持統天皇と藤原不比等は、二人で伊勢神宮の整備を始めている。一般的には、これは「天武・持統朝での出来事」と語られている。『日本書紀』は、天武と持統が比類なき「おしどり夫婦」であると記録しているし、同じ墓に収まっていることから、二人は同じ目標に向かってつき進んでいたと信じられている。

しかし、伊勢を今の形に整えたのは、「天武・持統朝」ではなく、「持統・藤原不比等朝」ではなかったか。

▲ 天照大神を祀る伊勢内宮

▲ 豊受大神を祀る外宮

そう考える理由を説明しよう。

天武天皇は、伊勢斎宮に娘の大来皇女を送り込んでいるが、伊勢斎宮はヤマトの三輪山麓の檜原神社の真東に位置する。

太陽神（男性）の伊勢の神（天照大神）と結ばれた斎王は、そのパワーを西に送り、王家の安寧に寄与している。これで、「伊勢の役割」は完結しているのだ。内宮と外宮という余計な装置をつくる必要はなく、持統天皇がこれをつくったのは、伊勢の神が男神なのに女性にすり替えるためだった。

世界の太陽神の多くが男性なのは、太陽が「陽」の性格をもっていて、常に光を与え続ける存在だからだ。「陽」は男性でもある。月は光を浴びて輝く「陰」だ。これは優劣の問題ではなく、属性、性質を意味している。

ならば、なぜ、日本では太陽神が女性になってしまったのだろうか。

『日本書紀』神話の中で、天照大神は初め大日孁貴（おおひるめのむち）の名で登場する。これは太陽神を祀（まつ）る巫女を意味するが、いつの間にか祀られる側の天照大神に変身していて、日本の国母になっている。『日本書紀』神話の中で最も重要な神は女神になったのだ。

なぜ、無理を承知で、男神の太陽神を女神にすり替えたのかといえば、「女神から始まるヤマト政権」という神話がほしかったからだ。

天武天皇は壬申の乱を制して、天智系の王家から玉座を奪った。天武の王家が誕生したのだ。

だから、本来なら、『日本書紀』神話は天武天皇を神格化すべきだったのだ。ところが、『日本書紀』は天照大神を女神にすり替え、しかも、持統天皇を天照大神になぞらえた。こうすることによって、天照大神＝持統天皇から始まる新たな王家（観念的に）をつくり上げたのだ。

持統天皇から始まる王家は、「天武天皇の遺志と天武の血統を守る」と周囲にみせ

かけながら、実際には、「天智の娘が王家の祖」とすることによって、「天智王家の復活」を目指したのである。

おそらく、すべて藤原不比等の謀略だろう。こうして『日本書紀』の謎は解けた。『日本書紀』と対立する『古事記』は、藤原氏が朝堂のトップに立ち続けている間は、日の目を見なかったのだ。これは当然のことだったのである。

新元号の二文字「令和」の出典となった『万葉集』に秘められた真実

時代は、平成（へいせい）から令和（れいわ）に移ったが、**画期的だったのが、新しい元号の二文字「令和」が、漢籍ではなく、日本の古典から選ばれたことだ。**しかも、『古今和歌集』のように、貴族が知識をひけらかすための歌集ではなく、天皇から庶民まで、みなの歌を集めた『万葉集』から引用したところに、大きな意味が隠されていると思う。

新元号にちなんで、「記紀」の章ではあるが、日本独自の古典という観点から、ここで『万葉集』に関わる古代の真実についても、言及しておきたい。

「令和」の二文字は、『万葉集』巻五に残されている。「梅花の歌三十二首」の歌そのものではなく、序文の天平二年（七三〇）正月一三日に帥老（大伴旅人）の宅に集まって宴会をくり広げたこと、時に初春の「令月（よい月）で、気は良く風は穏やかだ（風和ぐ）、とある。この中の「令」と「和」を組み合わせているのだ。

この文章が、中国の古典からの借用だったから、「純粋な日本語の元号といえるのか」と揚げ足とりをする者もいるが、それは無視していればよいだろう。

それよりも、ここで声を大にしていいたいのは、『万葉集』が「牧歌的ではない」ということだ。

そして、元号と関わりの深い、例の「梅花の歌三十二首」も、大伴旅人の悲劇と関わりが深いということだ。事

▲長屋王を支えていた大伴旅人

情を説明しておこう。
「梅花の歌」は、大伴旅人が大宰府に赴任し、筑紫歌壇を形成した時期につくられた。優雅なサロン文化を想像しがちだが、実態は全く逆だった。この時期、大伴旅人は権力者・藤原氏と対立していたのだ。だから、藤原氏は大伴旅人を大宰府に追いやった。大伴旅人の推す反藤原派の長屋王を孤立させるためだ。そして、天平元年（七二九）、長屋王一家を、冤罪で滅亡に追い込んでしまう。「梅花の歌」は、その翌年の大宰府でつくられている。

大宰府に送り込まれた役人は、反藤原派か、あるいは反藤原派を監視するスパイのどちらかだった。だから、本音は一切語らず、歌を詠んで、だまし合いを演じていたのが本当のところなのだ。

この前後、大伴旅人は酒浸りになり、でくの坊を装っている。それは、藤原氏に危険視されていたからだろう。大伴旅人は、「賢人ぶって酒を飲まぬ人は猿に似ている」と歌の中で呟いているが、都の藤原氏を暗に批判していたのだ。「梅花の歌」の序文も、「楽しい、楽しい」と、春を謳歌しているが、これも、実際には、やけのやんぱちなのである。

ただし、このあと、大伴旅人は都の藤原氏に命乞いをし、許されている。

このように、『万葉集』は一見、華やかな歌の裏側に、苦悩と恨みに満ちた光景が見えてくるのである。

『万葉集』編纂の中心に立っていたのは、大伴旅人の子の大伴家持と考えられている。**大伴氏は多くの豪族が滅びていくなか、最後まで藤原氏と対峙した名門豪族だ。大伴家持は、藤原氏を恨み、藤原氏によっていじめ抜かれた仲間たちの鎮魂を込めて、歌を集めたのではなかったか。**

『万葉集』は牧歌的な歌集ではない。藤原氏が『日本書紀』を編纂して抹殺した歴史を暴露するために編まれたと思う。歌の配列や序文などを駆使して、真実の歴史が読み取れるように工夫してあったのだ。

【第五章】のここがポイント

古代史の謎解きは、『古事記』、『日本書紀』を読み込むことから始まる。これに、『万葉集』を加えれば、ほぼヤマト建国から七世紀につながる謎は、解明できると思う。

ところが、これまで「古代史は謎だらけ」と考えられてきたのは、『古事記』や『日本書紀』、『万葉集』の読み方を間違えていたからだ。

たとえば、**『日本書紀』は「天皇家の正統性と正当性を証明するために書かれた」と信じられてきたが、実際には、藤原氏のための文書だった。**ここがわかれば、面白いように古代史は解けてくる。

また『万葉集』も、牧歌的な歌集ではなかった。

平安時代の和歌集は、貴族社会の「知識のひけらかし」のための歌を集めていたが、**『万葉集』は、天皇から庶民まで、その時代の生(なま)の声を集めた歌集だった。ただし、だからといって、牧歌的なのではなく、政争に敗れた大伴家持らが、『日本書紀』によって抹殺された悲劇の歴史を、歌の配列と題詞を巧みに利用して暴露した歌集だったのだ。**

第六章

神社から読み解く古代の真実

……神社と豪族はどう関わっていたか

藤原氏は都合の悪い話を神話に封じ込めた？

日本を代表する神社を挙げるとするならば、伊勢神宮、出雲大社、大神神社、住吉大社、宗像大社、鹿島神宮、香取神宮、弥彦神社、吉備津神社などであろうか。

もちろん、「あそこが抜けている、ここも入れろ」という意見は多いだろう。ただ、古代史と密接に関わってくる神社だと、ここらあたりが重要になってくる。『日本書紀』や『古事記』の神話に登場する神々と密接に関わってくるからだ。

そして、これらの神社と関わりが深い豪族たちの姿も神社の歴史を通じて明らかになってくるのだ。

まず、出雲大社に注目してみよう。

出雲大社は縁結びの神として名高く、賑わいを見せているが、神話の大舞台でもある。出雲は国譲りが行なわれた悲劇の土地だ。

出雲神話は天上界（高天原）で大暴れをしたスサノヲが追放されて、出雲に舞い下りたところから始まる。心を入れ替えたスサノヲは、八岐大蛇（やまたのおろち）を退治したあと、国造りに励（はげ）む。そして、子（あるいは末裔（まつえい）、または娘の夫）のオオナムチ（大己貴神（おおなむちのかみ）、大国主神（おおくにぬしのかみ）とも）にあとを託して去って行く。

オオナムチはスクナヒコナ（少彦名神）とともに国造りを終える。すると、天上界のタカミムスヒ（高皇産霊尊（たかみむすひのみこと））とアマテラス（天照大神（おおみかみ））は、子を地上界に下ろし、支配者にしようと考えた（国ができてから奪おうという魂胆にみえる）。そして、神々を送り込むが、出雲国造家（こくそうけ）の祖神（そしん）・アマノホヒ（天穂日命（みこと））もその中の一人だった。

ところが、アマノホヒは出雲に同化してしまい、復命してこなかった。そこで、タカミムスヒらは、最後の切り札にフツヌシ（経津主神）とタケミカヅチ（武甕槌神）を送り込む。

こうして、オオナムチや子のコトシロヌシ（言代主神、事代主命）は国を譲り渡し、タカミムスヒはアマテラスとの間にできた孫・ニニギ（天津彦彦火瓊瓊杵尊（あまつひこひこほのににぎのみこと））を葦原（あしはら）中国（なかつくに）（地上界）に下したのだ。これが出雲国譲り神話と天孫降臨神話のいきさつである。

もちろん「神話など、歴史ではない」と、無視する人がほとんどだろう。しかし、神話を切り捨ててしまっては、せっかくの歴史解明のヒントを無にしてしまう。すでに述べたように、『日本書紀』は神話をいくつもの「異伝」を添えることで、どれが本当の話なのか、わからなくしてしまっているのだ。

神話を統一して、「王家や政権にとって都合のよい話を構築する」のが、通常のやり方なのに、あえて「わからないようにしてしまった」ところに、大きな問題が隠されている。

『日本書紀』編纂の中心に立っていたのは藤原氏で、彼らが成り上がりだったこと、さらに蘇我氏や物部氏といったヤマトを支えた大豪族を衰退させ、蹴落とすことで実権を手に入れた事実を忘れてはならない。

もし仮に、蘇我氏がヤマト建国前後から活躍し、王家に近い正統な氏族だったとしたら、藤原氏は神話に手を加え、いくつもの話を用意することで、真相を偽（いつわ）ってしまった可能性が出てくるのだ。

藤原氏は、都合の悪い歴史を神話に押し込め、さらに、神話をシャッフルすること

で、真相を闇に葬ってしまったのではあるまいか。

出雲は逆立ちしている

神話に登場するような大勢力は出雲にはなかったというのが、長い間の史学界の定説だった。「天皇家の反対概念として出雲神は創作された」と信じられていたからだ。古代史に新風を吹き込んだ梅原猛（うめはらたけし）でさえも、観念的にヤマトから神々が出雲に流されたにすぎないと、高をくくっていたものだ。

ところが、昭和五十八年（一九八三）に荒神谷（こうじんだに）遺跡（島根県出雲市斐川（ひかわ）町）が発見されてからあと、出雲から続々と「信じがたい遺物」が出現した。出雲に何かしらの勢力が存在したことは間違いないのだ。

さらに、考古学は弥生時代後期の出雲の勃興（ぼっこう）とヤマト建国直後の出雲の衰退の証拠を、すでに掘り当てている。

出雲で発達した巨大な四隅突出型墳丘墓は、日本海づたいに越に伝播したが、跡形もなく消えていったのである。神話そのものではないにしても、ヤマト建国の前後、壮大なドラマが展開されていたことは間違いない。

出雲国造家も不思議だ。そもそも、律令成立以前の役職である「国造」が、現代の出雲に残っていること自体が不可解きわまりない。生きる化石が出雲国造家なのだ。

出雲や出雲大社には謎が多い。よく知られているのは、かつて天を突くような巨大神殿が建っていたという伝承だ。雲太（雲太の「雲」は出雲大社）、和二（東大寺大仏殿）、京三（平安宮大極殿）と称えられ、「出雲大社が一番大きい」と世間一般にも知れ渡っていたようだ。平成十二年（二〇〇〇）に、出雲大社境内遺跡から、三本の巨大木柱を束ねた宇豆柱が発見され、想像を絶する巨大建造物が鎌倉時代初期に建立されていた可能性は高まった。

いったい、なぜ、神話の世界で敗れ去った出雲にこれだけの建造物が残されていたのだろうか。

出雲は逆立ちしている。旧暦の十月を一般には神無月というが、出雲では全国の神々

◎古代の出雲大社

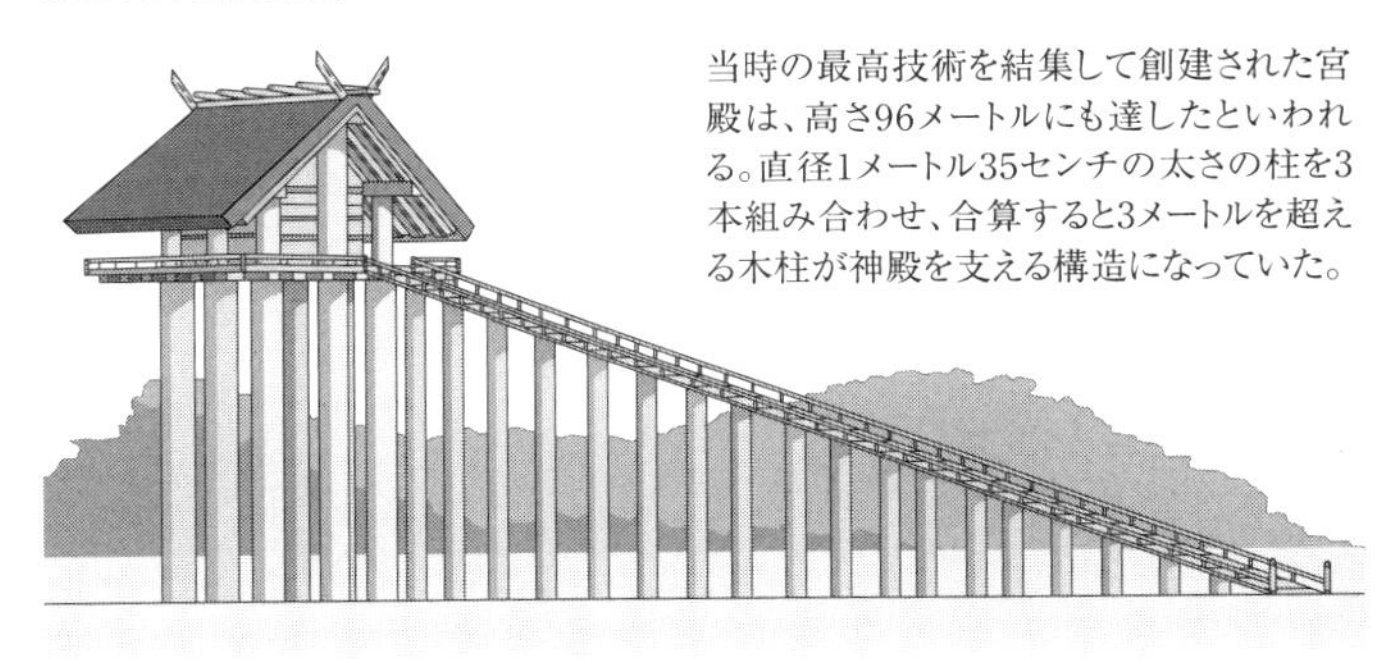

当時の最高技術を結集して創建された宮殿は、高さ96メートルにも達したといわれる。直径1メートル35センチの太さの柱を3本組み合わせ、合算すると3メートルを超える木柱が神殿を支える構造になっていた。

が集まってくるから神在月（かみありづき）と呼んでいる。

　出雲大社の標縄（しめなわ）の綯（よ）り方もほかの神社と正反対だ（神様から見て左側が上位、右側が下位と考えられ、左側から綯り始めるので長く、綯り終わる右側が短い［参拝者から見ると左右逆］）。

　天皇は日継（つ）ぎの神事を行ない、出雲国造家は火継ぎの神事を行なう。

▲出雲大社拝殿中央の標縄は綯り方が逆。なお、巨大なことで知られる標縄（長さ13m、周囲9m、重さ5t）は神楽殿のほうに張られているもの。

出雲国造家の祖・アマノホヒは、天上界から遣わされたが、裏切っている。それにもかかわらず、出雲の国造に任命された。これも、不可解だ。新任の出雲国造が都に赴いて奏上する『出雲国造神賀詞』の中で、アマノホヒは出雲を制圧したと語る。どちらが本当のことなのだろうか。

出雲国造が亡くなると、死は隠匿され、死骸は正座させられ、生きていることにして食事をとる真似ごとをさせられた。その間、嫡子が祭事を執り行ない、火継ぎ（神火を継承する）をして、初めて出雲国造は死んだことになった。

また、出雲国造はアマノホヒの霊を継承するが、アマノホヒは大国主神そのものでもあるという、わけのわからないことを言い出す始末である。

フツヌシとタケミカヅチのコンビが出雲をいじめていた

いったい、出雲で何が起きていたのだろうか。注目したいのは、国譲りを成功させたフツヌシとタケミカヅチだ。フツヌシは物部氏の祖神だが、タケミカヅチは尾張系の神ではないかとする推理がある。尾張氏は東海の雄族で、ヤマトタケルと強くつながった氏族だ。

『古事記』には、葦原中国を支配するために神を送り込もうとしたが、伊都之尾羽張神と建御雷之男神（タケミカヅチ）の親子を推す者がいたとある。ちなみに、この伊都之尾羽張神はイザナキの十掬の剣でもあり、「尾張」と「剣」の関係が重要な意味を持っている。

イザナミが火之迦具土神（迦具土神）を生んだ時、ホト（女陰）を焼かれ亡くなった。この時、夫のイザナキが迦具土神を殺すが、使った剣が天之尾羽張（伊都之尾羽張）だった。

『日本書紀』には迦具土神が殺された時、剣からしたたり落ちた血から生まれたのがタケミカヅチの祖神だったとある。その殺された神「カグツチ」で思い出すのは尾張氏の祖の「天香語（具）山命」で、幾重にもタケミカヅチと尾張氏の間に接点が見出せる。

神話のタケミカヅチを「東海地方の尾張系」とみなすと、多くの謎が解けてくる。フツヌシとタケミカヅチは常に行動をともにするが、歴史時代の物部氏と尾張氏もコンビで出雲いじめをしている。

まず、出雲大社から見て西の方角、旧石見国(いわみのくに)の物部神社(島根県大田(おおだ)市)の伝承に注目してみよう。

ニギハヤヒの子のウマシマジ(宇摩志麻治命)は、神武東征の後、天香具山命(尾張氏の祖)とともに尾張、美濃(みの)、越を平定し、天香具山命は伊夜彦(いやひこ)神社(新潟県西蒲原(かんばら)郡の弥彦(やひこ)神社)に鎮座し、ウマシマジは播磨(はりま)、丹後(たんご)を経由して石見国に入って宮を建てた……。

これが物部神社になったのだが、目的は出雲を監視するためで、今でも出雲と石見は仲が悪いという。

問題は、この説話が考古学とぴったり重なってくることだ。というのも、ヤマト建国直前に日本海づたいに伝播した四隅突出型墳丘墓の分布域を、弥彦神社と物部神社が、すっぽり包み込んでいるからだ。これは、出雲の勢力を抑(おさ)え込む戦略的に理にかなった土地選びなのである。

歴史時代に至っても、出雲いじめは物部氏と尾張氏がコンビを組んでいた。物部系の『先代旧事本紀（せんだいくじほんぎ）』は、物部氏と尾張氏は血縁関係にあったと記録している（『日本書紀』にはない）。真偽のほどはわからないが、ヤマト建国の前後に二つの有力な勢力が手を組んで日本海側に圧力をかけていたことは間違いない。

また、纏向（まきむく）遺跡に集まってきた土

▲弥彦山の頂には尾張氏の祖神の墓がある弥彦神社

▲出雲大社を監視しているという物部神社

器の中で、最も数が多かったのは東海地方の土器で、約半数に上る。

これに対し、数は少なかったが、最も貴重な土器（生活の道具ではない）をもたらしたのが吉備だった。

すでに述べたように、物部氏は吉備出身と考えられるから、**「物部氏と尾張氏のコンビがヤマト建国の前後に手を組み、出雲を倒しにかかった」という話を『日本書紀』は神話にして、誰が活躍していたのかわからなくしてしまったのが、本当のところだろう。**

ちなみに、壬申の乱に際し、大海人皇子（おおあまのみこ）はわずかな手勢を率いて東国に逃れたが、最初に迎え入れて軍資金を提供したのが尾張氏だった。まだ乱の趨勢（すうせい）が見えないなか、政権側を裏切って大海人皇子に荷担した尾張氏こそ、壬申の乱の最大の功労者だったが、『日本書紀』はこの尾張氏の行動をまったく記録していない。これは、『日本書紀』（藤原不比等）による抹殺であり、藤原不比等は尾張氏が大っ嫌いだったのだろう。何しろ、藤原氏の政敵・大海人皇子の勝利を決定づけたのが尾張氏だったからである。

なぜ、尾張氏の行動が露顕したのかというと、『日本書紀』の次に書かれた『続（しょく）

日本紀(にほんぎ)』が、ついうっかり本当のことを書いてしまったからだ(せっかく『日本書紀』が隠したのに……)。

「神宮」と認められたのは伊勢と鹿島と香取だけ

フツヌシとタケミカヅチをめぐる問題は、意外な場所に飛び火する。香取神宮(千葉県香取市)と鹿島神宮(茨城県鹿嶋市)だ。祭神は、それぞれが経津主神(フツヌシ)と武甕槌神(タケミカヅチ)だ。

古代の頃のこの一帯は水郷地帯で(今もそうだが、規模が違う)、関東の水運の巨大ジャンクション(接合地)を形成していた。霞ヶ浦(かすみがうら)から内陸に水路でつながっていたし、東北地方に向かうにも、海路を進むだけではなく、霞ヶ浦やその他の地形を駆使して、複数の方法があった。鬼怒川(きぬがわ)や旧利根(とね)川をたどれば、関東北部とも通じていたから、鹿島神宮と香取神宮は交通、戦略の要衝(ようしょう)で、ここを物部氏と尾張氏や彼らに背中を押された多氏（おおし）らがおさえていたのだ。

神話世界の政敵・出雲を倒した二柱（ふたばしら）の神が関東でも活躍していたことになるが、実際に物部氏たちは関東に進出していたのだ。

ところで、『常陸国風土記』（ひたちのくにのふどき）は、鹿島神宮を「天の大神の社」（あめのおおかみのやしろ）、「坂戸の社」、「香島（かしま）の天の大神」と呼んでいる。「坂戸」は「境界の門」を意味しているから、香取神宮と鹿島神宮は異界への入口と考えられていたようだ。都からやって来た人たちにとって、この先は未知の世界で、開拓する新世界にも見えていたのかもしれない。

問題は、**『延喜式』（えんぎしき）（律令の施行細則）が「神宮」と書いたのは、伊勢神宮、鹿島神宮、香取神宮の三つだけだった**ことだ。三輪山麓の大物主神を祀る大神神社（おおみわ）も神宮とは呼ばれていない。

これは、いったい、どうしたことだろうか。物部氏や尾張氏の活躍を顕彰（けんしょう）したかったのか。いや、全く違う。

じつは、香取と鹿島の神は藤原氏に乗っ取られてしまったようだ。古代史の謎は、この三つの神宮に集約されているといっても過言ではないし、三つとも、藤原氏が

「わが物にしてしまった」場所なのだ。

関東で何が起きていたのだろうか。

関東の古代史はあまり注目されていないが、五世紀後半以降、近畿地方を除く日本列島で、巨大前方後円墳を最も造営していたのは関東なのだ。確かに、弥生時代の関東は後進地帯だったが、しだいに開墾が進み、大豪族や皇室が関東の力を借りようと進出していった。

▲社殿が北を向いている鹿島神宮

▲水郷地帯を鎮める香取神宮

関東の実力を舐めてはいけない。五世紀後半以降、関東は国政のキャスティング・ボードを握るようになっていったのである。誰が関東や東国を味方につけるかで、政権交替は起きるようになったのである。

だから、実権を握った藤原氏も関東を重視し、すぐさま進出した。その証拠に、養老五年（七二一）に編まれた『常陸国風土記』は同時代に常陸国守だった藤原宇合が記したと思われる。藤原四子の一人だ。

そこで、残り二つの神社の内容をみていこう。

まず、利根川下流右岸の亀甲山に鎮座する下総国一の宮の香取神宮だ。社伝によれば、創建は神武天皇の時代だというが、よくわからない。「香取」は、航海の「楫取り」に由来する。

香取神宮の祭神は物部系のフツヌシだ。そもそも香取神宮の周辺や西北側の常陸国信太郡も物部氏と縁の深い土地なのだ。

あとの鹿島神宮は、次項にまわそう。

中臣（藤原）鎌足は鹿嶋出身だった？

一方、タケミカヅチを祀る鹿島神宮は常陸国一の宮だ。藤原氏は、どのようにつながっていったのだろうか。

『常陸国風土記』香島郡の条に、次の記述がある。七世紀に孝徳天皇が中臣氏らに命じ、下総国の北側を割かせ、「神の郡（香島の神の鎮座する郡）」を置かせた。また、この一帯の三つの社（天の大神ノ社、坂戸の社、沼尾の社）を合わせて「香島の天の大神」と称えた……。

ただし、香島の天の大神は天孫降臨に先立って送り込まれた神で、天の住まいを香島宮、地の住まいを豊香島と名づけた。第十代崇神天皇の御代、大刀や鉾などの武具が奉納され、その後、歴代天皇の崇拝を受けたと記録されている。

『常陸国風土記』は藤原宇合の意思が働いていたからだろうが、この一帯に物部氏が強い影響力を及ぼしていたことに言及していない。そもそも、中臣氏は物部氏の祖・ニギハヤヒに従ってヤマトに乗り込んだ一族で、中臣（藤原）氏が鹿島・香取とつながっていたとしたら、物部氏との縁があったからだろう。ただし、中臣鎌足は養子縁組で系譜に連なったにすぎないと思うが……。

こののち、物部系の神社だった鹿島・香取は、いつの間にか藤原氏に私物化されていくのだ。

『続日本紀』宝亀八年（七七七）七月条に、「藤原朝臣良継が病んだため、その氏神・鹿島社を正三位に、香取神を正四位に叙す」とある。正史に初めて鹿島と香取が藤原氏の氏神だったと記録された。

平安時代後期に編まれた歴史物語『大鏡』に問題の記述がある。孝徳天皇の時代、中臣の鎌子連（鎌足）は内大臣に昇進したが、鎌子はもともと常陸国の人だったという。平城京遷都後、都の東側の三笠山（御蓋山）に鹿島神宮の神を勧請し、春日明神として祀るようになった（奈良市春日野町の春日大社）と記録している。

『皇年代記』（『興福寺略年代記』）や『江家次第』（有職故実書）などにも、鹿島・香取と藤原氏のつながりが述べられている。これらの記述から、史学者の多くは「中臣鎌足はもともと常陸の鹿島神宮の神官だった」と推理している。

しかし、じつにあやしい。『日本書紀』には、中臣氏の祖神は天児屋（根）命と明記してある。これは、藤原不比等の時代に書かれたことだから、大きな意味を持っている。中臣氏が鹿島と香取の神に「触手を伸ばし始めた」のは、このあとだ。春日大社の創建は神護景雲二年（七六八）のことになる。藤原不比等の死から四十八年後のことだ。この間、何が起きていたのか。

奈良の春日大社の主祭神は武甕槌神、経津主神、天児屋命、比売神の四柱で、鹿島神宮と香取神宮から勧請した神を、中臣氏の祖神・天児屋命よりも上位に据えている。これは奇怪な話だ。

せっかく正史の中で、「中臣氏の祖神は天児屋命」とお墨つきをもらったのに、なぜ、それを覆すようなマネをしたのか。

中臣氏のもともとの地盤に鎮座する河内国一の宮・枚岡神社（東大阪市出雲井町）の祭神は、中臣氏の祖神・天児屋根命とキサキの比売御神だったのに、経津主命と武

▲藤原氏が祀る春日大社

▲中臣氏が古くから祀っていた枚岡神社

甕槌命を鹿島神宮から勧請してつけ足している。

　これら後世の動きを追ってみると、**中臣鎌足は中臣氏の中でも傍流の鹿嶋出身で、それを『日本書紀』は隠し、その後、藤原氏自身が真相を語り出した可能性も疑っておく必要がある。**

　しかし、筆者は中臣鎌足を百済王子・豊璋（ほうしょう）とみて鹿島説をとらないので、「中臣鎌足＝鹿嶋出身説」を否定する証拠を探してみたいのだ。

鹿島の神に逆らった東北の鹿島の神

鹿島神宮の地元周辺では、中臣（藤原）氏が「鹿島の神を奪った」と考えているようだ。「鹿島の中臣が憎い」と伝えている。しかも、鹿島神宮の大もとが存在するようだ。それが大生神社（茨城県潮来市）で、主祭神は健御雷之男神（武甕槌神）だ。大生神社を祀ってきたのは多氏で、彼らがヤマトからこの地に移った時に創建したとされ、鹿島神宮の創祀はそのあとだという。

この一帯（那珂国）を支配していた多氏を後押ししていたのは、物部氏だ。その一部を割いて、神の郡（香島郡）をつくったのだが、これが鹿島神宮の領域になった。

大生神社の伝承（由緒書）は、次のように述べている。

太古の昔に大生神社が祀られていたが、神護景雲二年（七六八）、神は春日大社に遷り（御遷幸）、大同元年（八〇六）に、「藤原氏東征」を見守るために元の地（大

▲ 多氏が祀る大生神社

生）に戻られ、さらに翌年、鹿島神宮の地に遷り、大生神社は鹿島神宮の別宮と称するようになった。

これが本当なら、鹿島神宮の神は、もともと多氏が祀っていたことになる。中臣（藤原）氏が那賀国造（常陸の土着の一族で多氏と同祖）から祭祀権を奪ったのである。

　中臣氏が鹿島神宮の神を奪う以前、多氏らは東北に「鹿島の神」を広めていたようだ。ところが、のちに東北の人々が中臣系の鹿島の神と対立するようになる。

『三代実録』（古代の官撰史書、六国史の第六にあたる）の貞観八年（八六六）正月二十日条に、常陸国の鹿島神宮司は、香島（鹿島）の大神の苗裔（遠い子孫）の神は陸奥国に三十八座あるといい（これが多氏らの広めた鹿島の神だろう）、さらに「古老に聞いた話」として、次のように説明する。

延暦年間（七八二〜八〇五年）から弘仁年間（八一〇〜八二四年）まで、鹿島神宮の封物を苗裔神（分社）に分けていたが、それ以降、奉幣は絶えたため、陸奥国の鹿島神が激しく祟り、モノノケ（鬼）が跋扈したので、嘉祥元年（八四八）に、奉幣に向かった。

ところが、陸奥国は前例にないからとそれを拒み、関から入ることを許さなかった。宮司等は仕方なく、関の外の川辺で被幣物の祓いを行なったが、その後も神の祟りはおさまらず、疫病が蔓延した。そこで、鹿島神宮は国に申し出て、「奉幣をできるように陸奥国に下知して、関の出入りを許してほしい」と請願し、諸社に奉幣して、神の怒りを解きたいといった……。

本来、風上に立っていたはずの常陸の鹿島神宮が、陸奥国の人々や苗裔神（分社）に見下され、拒絶されている。

なぜかといえば、東北の分社には「われわれが本来の鹿島の神を継承している」という誇りがあり、「中臣（藤原）に乗っ取られた神など、誰が恐れようか」という気概があったのだと思う。

東北蝦夷(えみし)征討が藤原氏のエゴから始まったこと、それが東国の力を削ぐためだったことは、次章で説明する。

関東のみならず東北の人々も藤原氏を恨んでいたのだ。しかも、鹿島の神を乗っ取った中臣が、東北に回すべき封物を独占してしまったのだから、怒りはおさまらなかっただろう。

鹿島の中臣は歓迎されていなかった?

鹿島神宮の北方の那賀国造(なかのくにのみやつこ)と強くつながっている場所に、大洗磯前神社(おおあらいいそさき)(茨城県東茨城郡大洗町)が鎮座している。祭神は出雲神話に登場する大己貴命(おおなむちのみこと)と少彦名命(すくなひこなのみこと)だ。

『文徳実録(もんとくじつろく)』(『日本文徳天皇実録』、六国史の一つで藤原基経(もとつね)らに編纂が命じられた)の文徳天皇の斉衡(さいこう)三年(八五六)十二月二十九日条に、次の説明がある。常陸国から知らせがあったという。

常陸国鹿島郡大洗磯前に大己貴命（大奈母知）と少彦名命（少比古奈命）が降臨した。塩焚きの翁が目撃していた。夜半に天が輝き、翌朝、高さ一尺の怪しい石があり、その左右に不思議な彩色を施した二十余の小石があった。人に神が憑いて、次のように告げた。

「私は大奈母知少比古奈命（大己貴命と少彦名命が合体している）だ。昔、この国を造り終え、去って東海に往ったが、今民を救うために戻ってきた」

▲意外な歴史を秘めた大洗磯前神社

なぜ、ここに出雲の神が登場したのだろうか。なぜ、出雲神が「斉衡三年にこの地に戻ってきた（神社が創建された）」のだろうか。これは、鹿島神宮の奉幣使が陸奥国の関から閉め出された、あの事件の数年後のことなのだ。

大和岩雄（おおわいわお）は『日本の神々11 関東』（白水社）の中で、その理由を、中臣（藤原）氏が強引に鹿島の神を氏神にしてしまったため、もとの鹿島的な神社を建てようと模索したのだろうといっている。

それもそうだろうが、なぜ、出雲神を祀ったのかといえば、鹿島や香取の神は出雲の国譲りに活躍した神であり、負けた出雲神は彼らを恨み、祟る力があると信じられたからだろう。

だから、戻ってきたといっているのだと思う。要は、中臣系の鹿島の神に対する威（い）嚇（かく）であり、「恐ろしい祟る鬼」をここに据えたということだろう。

それにしても、**なぜ、ここまで無茶をして、藤原氏は香取と鹿島の神をわが物にしようとしたのだろうか。彼らは、「中臣氏レベルの祖神では満足できない」と考え、中臣氏の主家筋の物部氏や尾張氏らの祖神をわざわざ関東から奪い取って箔（はく）をつけようと考えたのだろう。**

だから、神を奪われた地元周辺の人々は、鹿島の中臣を嫌っていたというわけだ。

住吉大社に残る興味深い伝承

▲古代史の秘密をかかえた住吉大社

古代史の謎を解く鍵を握っている神社の一つに、住吉大社（大阪市住吉区）がある。

祭神は住吉大神（表筒男命・中筒男命・底筒男命）と神功皇后（息長足姫命）だ。国宝の社殿が東西に一列に三棟並び、東から第一本宮、次に第二本宮、西の端が第三本宮。その南側に並んで、第四本宮が鎮座する。第一本宮（底筒男命）、第二本宮（中筒男命）、第三本宮（表筒男命）とあって、第四本宮が神功皇后を祀る社だ。

不思議なことに、住吉大神は神話の世界ではほと

▲住吉大社から無視された仲哀天皇

んど活躍していない。歴史時代に入って第十五代応神天皇の母・神功皇后と強くつながっているだけだ。だから、古代史に興味のない人間には、天照大神やスサノヲのように、親しまれているわけではない。しかし、住吉大神こそ、『日本書紀』編纂の中心人物藤原不比等がどのような手口を使ってでも、抹殺したかった神の一人（一柱）なのだ。

では、神功皇后が住吉大神と並んで祀られるようになったきっかけは、どのようなものだったか。『日本書紀』の記述を追ってみよう。

九州の地で熊襲が叛いたという報告を受けて、神功皇后は夫・仲哀天皇とともに北部九州に遠征する。ところが、仲哀天皇は神の命令を聞かなかったために、急死してしまう。この託宣を下し、仲哀天皇を滅ぼした恐ろしい神こそ、住吉大神だったようだ。『日本書紀』には書かれていないが、住吉大社の伝承によれば、仲哀天皇が亡くなった晩、住吉大神と神功皇后は「夫婦の秘め事をした」といっている。この伝承

▲新羅征討に向かう神功皇后（月岡芳年・画）

は、いったい何だ。

　住吉大社は、神功皇后を祀りつつも、仲哀天皇を無視している。これは、大変なことをしていると思う。

　応神天皇は仲哀天皇が亡くなった日から十月十日後に生まれているが、神功皇后は懐妊中に新羅征討に向かった時、臨月を迎えていた。この時、神功皇后は石を腰に挟（はさ）んで産み月を遅らせたと『日本書紀』はいう。だから、神功皇后と仲哀天皇が結ばれたのは、仲哀天皇の死よりも前だったことを証明し、強調していることになる。

　しかし、この見えすいたアリバイ証明こそ、じつにあやしい。そもそも、「天皇の誕生日」がはっきりとわかること自体、例外中の例外だ。何を『日

▲住吉大神と接点をもつ武内宿禰

本書紀』編者は焦（あせ）っているのだろうか。そして、住吉大社は、どんな秘密を握っているというのか。

もし仮に、応神天皇の父が住吉大神だったとしたら……。それはどういう意味があるのか……。そもそも、住吉大神とは何者なのか……。

謎は、深まるばかりだ。

ここで、一つ、ヒントがある。住吉大神の別名は塩土老翁（しおつつのおじ）で、「後期高齢者」（言葉が適切かどうかだが）だということ、同じように蘇我氏の祖の武内宿禰（たけうちのすくね）も老人のイメージが強く、両者はそっくりだ。

しかも、武内宿禰は神功皇后や応神天皇に寄り添っていたが、『古事記』によれば、仲哀天皇が亡くなった晩、神功皇后のそばに控えていた男性は、武内宿禰だけだったという。とすれば、住吉大神と武内宿禰は、同一人物だったのではないかと思えてくるのだ。

つまり、**蘇我氏の祖と王家は想像以上に近い関係で、この事実を抹殺するために、『日本書紀』は多くの歴史を神話の世界に封印し、あるいは歴史時代の「鍵となる人物たち」を神のような存在に仕立て上げ、真相を闇に葬ってしまったのではあるまいか。**

【第六章】のここがポイント

なぜ、神話は絵空事と信じられていたのだろうか。神話の舞台になった場所から、物証があがってこないことが大きな原因だったのだろう。たとえば、出雲神話の舞台となった山陰地方では、開発が遅れたために、他地域と比べて目ぼしい発見がなかった。当然、「出雲には神話で書かれたような強大な勢力が存在しなかった」と信じられていたのだ。

ところが、昭和五十八年（一九八三）頃から島根県で大量の青銅器が発見されるようになり、考古学者も史学者も、腰を抜かしたのだった。

現在では、弥生時代後期からヤマト建国の黎明期まで「出雲はそこにあった」ことが明らかになっている。しかも、神話にあるように、出雲はヤマト建国後、衰退していたこともわかってきた。

それだけではない。『日本書紀』にはフツヌシとタケミカヅチが出雲いじめに走ったと記されているが、フツヌシとタケミカヅチは、関東の香取、鹿島神宮の祭神として勧請されていた。**東北に影響力を及ぼそうと目論んだ奈良時代の藤原氏が祭神をわが物にしようとしていたのだ。**

第七章

事件から読み解く古代の真実

……事件はこうして歴史をつくった

ヤマト建国の歴史を分解してしまった『日本書紀』

ヤマト建国後、どのように歴史は流れていったのか。また、どのような事件が起きていたのか。そして、これまでの常識が、はたしてどこまで覆されたのか、検証してみたい。

ここで、改めて確認しておきたいのは、『日本書紀』は藤原氏のために書かれた歴史書で、藤原氏は権力の座にのぼりつめるまでの間、蘇我氏や物部氏、大伴氏ら、ヤマト建国から続いた名門豪族を蹴落とし、「藤原氏だけが繁栄する時代」を築いたということ、その正当性を証明するために、『日本書紀』を編纂したということだ。

ヤマト建国の歴史も詳細にわかっていたはずであり、知っていたからこそ、名門豪族たちの活躍を抹殺するためにいくつものカラクリとウソを用意して歴史を改竄(かいざん)し、抹殺してしまったのだ。

これまで、史学者たちは「六世紀以降の『日本書紀』の記述はある程度信頼できるが、それ以前の記述をそのまま歴史として信じることはできない」と考えてきた。だから、六世紀以前の日本史の教科書はつまらないのだ。人の歴史がほとんど記されていない。それぞれの時代の「人間の生々しい活躍」が排除されている。

これは、悲しむべきことだ。

『日本書紀』は、ヤマト建国の歴史をいくつもの時代に分解してしまったと思う。神話、神武、第十代崇神天皇やヤマトタケルの物語は、どれもヤマト建国時の話だろう。

そして、第十五代応神天皇と母・神功皇后の活躍も、ヤマト建国前後の騒動だったと筆者は考えている（拙著『蘇我氏の正体』新潮文庫）。このような複雑なカラクリを用意したのは、物部氏、蘇我氏、大伴氏の活躍を抹殺するためだ。

物部氏や大伴氏は、天孫降臨やヤマト建国時に登場しているが、その正体は明かされていない。

また、蘇我氏の場合、『古事記』は建内宿禰（たけのうちのすくね）（武内宿禰）の末裔と記録するが、『日本書紀』では、武内宿禰と蘇我氏の関係を断ち切ったうえで、武内宿禰をヤマト建国からかなり時間がたったあとに、歴史に出現させている。

しかし、実際には神武天皇をヤマトに誘った塩土老翁（住吉大神）こそ、蘇我氏の祖だったと筆者は考えるし、『日本書紀』が抹殺したかった最大のターゲットだったと思っている。蘇我氏が王家と強く結ばれていた名門豪族だったことを、歴史に残したくなかったのだろう。

このあたりの推理は複雑なのだが、いちいち根拠を示すための紙面が足りない。そこで、ここでは、筆者なりの推理で導き出したヤマト建国から平安時代に至るまでのおおまかな歴史の流れだけ、以下、記しておくことにする。

ちなみに、中国の歴史書に記録された倭国や倭王は、三世紀の「魏志倭人伝」のあと五世紀の『宋書』倭国伝まで飛び、四世紀は空白の世紀である。考古学から類推すると、四世紀は安定と発展の時代と思われる。

ただし、『日本書紀』の記述からこの時代を再現することはむずかしいから、三～四世紀前半のヤマト建国のあと、話は五世紀に飛んでいくことになる。

伽耶はこうして滅亡した

ヤマト建国後、疫病の蔓延（まんえん）によって混乱が生じた。このため、一度は衰退に追い込んだ九州の貴種をヤマトに呼び寄せ、祭司王に立てて、ヤマトは新たな歩みを始めた。有力豪族は王に娘をさし出し、生まれた男子を即位させ、女子は巫女（みこ）（斎王）に立て、神と王の権威を活用して、実権を得た。この体制は、原則的に律令制度が整うまで続いた。

だから、隋（ずい）の文帝（ぶんてい）は呆（あき）れたのだが、文帝はヤマト政権の巧妙な「独裁者をつくらないカラクリ」に気づいてはいなかったのである。

ところが、五世紀半ばから、強い王が求められるようになる。騎馬民族国家・高句麗（こうくり）が南下政策をとり、鉄の原材料を朝鮮半島南部から調達していた倭国は、遠征軍を派遣した。豪族の寄せ集めの軍隊だったが、倭国王の名は、しだいに東アジアに知れ渡っていった。軍団を指揮する統一された意志と早い決断も求められるようになり、寄せ集め軍団の弱点も露呈していたことだろう。

五世紀後半、雄略天皇はクーデターを仕掛け、玉座を獲得し、強い王を目指した。中央集権化に向けた動きが始まったが、当然、反動もあったのだろう。混乱は続き、王統は揺れ動いた。

その結果、六世紀初頭、越（北陸）から「応神天皇の五世の孫」の継体天皇を引っ張り出し、擁立したのだ。

一般に、応神天皇の五世の孫、越の田舎貴族は、本当に天皇家の血統を引いているのかと疑問視され、「これは王朝交替」と考えられてきた。ただ、最近では「ヤマトの王家に継体が婿入りすることで、かろうじて王家の血統は保たれた」という発想に変わりつつある。

五世紀後半、ヤマト政権が主導権争いに明け暮れているなか、日本海勢力が勃興し、越はヤマトを出し抜く最先端の文物を入手し、実力を蓄えていたのだ。ヤマトは越の財力と知識とネットワークに頼らざるを得なくなったのが、本当のところだろう。

六世紀のヤマト政権は流動化する朝鮮半島情勢に翻弄された。朝鮮半島最南端の同盟国・伽耶諸国（任那）の利権をいかに守るか、新興の新羅をとるか、旧知の仲の百済に委ねるか、政権内部が真っ二つに割れ、親新羅派としてヤマトに乗り込んだ継体天皇も、旧勢力に押されて取り込まれ、百済を支持する方向に進む。磐井の乱（五二七年）は、この優柔不断なヤマト政権の外交方針に苛立った結果、起こされたものと思われる（拙著『磐井の乱』河出書房新社）。

そうこうしているうちに、**百済は、高句麗の南下に頭を悩ませ、実際に領土をかすめ取られたため、伽耶の西側を奪い取る。ヤマト政権がこれを黙認したために、伽耶諸国と倭国の強固な同盟関係は崩れ始める。ヤマト政権と百済が呼びかけ、「任那（伽耶）復興会議」が開かれたが、足並みが揃わず、やがて東側の新羅が伽耶を飲み込んでしまう。**

欽明二十三年（五六二）、伽耶はこうして滅亡したのである。

蘇我氏も物部氏も改革派だった

百済を推(お)していたのは物部氏で、物部系の官人が百済に渡って活躍していたことがわかっている。継体天皇の登場とともに、蘇我氏が実力をつけていったが、こちらは急速に力をつけた新羅を推していたと考えられる。物部守屋(もののべのもりや)と蘇我馬子(そがのうまこ)の仏教導入をめぐる争いの裏には、外交政策の思惑の差があったと思われる。

ちなみに、物部氏の配下で動き回っていた中臣氏も当然、親百済派で、百済王子豊璋は、その縁で中臣氏の系譜にすべり込んだのだろう。

ただし、**物部氏はある時期から蘇我氏と「手打ち」をして、中央集権国家造りに協力していくことになる。**

なぜ、そういいきれるのかは、このあと説明する。

実力をつけた蘇我氏は、王家に女性を送り込み、蘇我出身の天皇が続々と生まれている。また、中国を統一し、律令制度を構築し始めた隋や唐に遣使し、全方位形外交を展開し、旧態依然とした統治システムを塗り替え始めたのだ。

ところが、ここで乙巳の変（六四五年）が勃発する。舒明天皇と皇極天皇の間の子・中大兄皇子が中臣鎌足と手を組み、蘇我本宗家を滅亡に追い込んだのだ。この事件を**『日本書紀』は「改革の邪魔になった蘇我氏を滅ぼして、一気に改革事業を展開した」というが、この主張は明らかなウソだ。**

まず、蘇我氏が改革派だったことは、すでに史学界も（しぶしぶ）認めている。中大兄皇子は改革を進めたかったわけではない。蘇我氏が大海人皇子を高く買っていたことが、気にくわなかっただけだろう。そそのかしたのは中臣鎌足である。

中臣鎌足（豊璋）は衰退していた母国を救うために、ヤマト政権の外交方針を均衡外交から、「百済一極支持」に塗り替える必要があったのだ。そのための一番の障害が、蘇我氏であった。

ただし、ここで蘇我系政権が転覆したわけではない。蘇我入鹿暗殺後、皇極女帝は弟に譲位し、孝徳天皇が即するが、この人物は親蘇我派で人事も蘇我色が強かった。

◎『日本書紀』が示す大化の改新の流れ

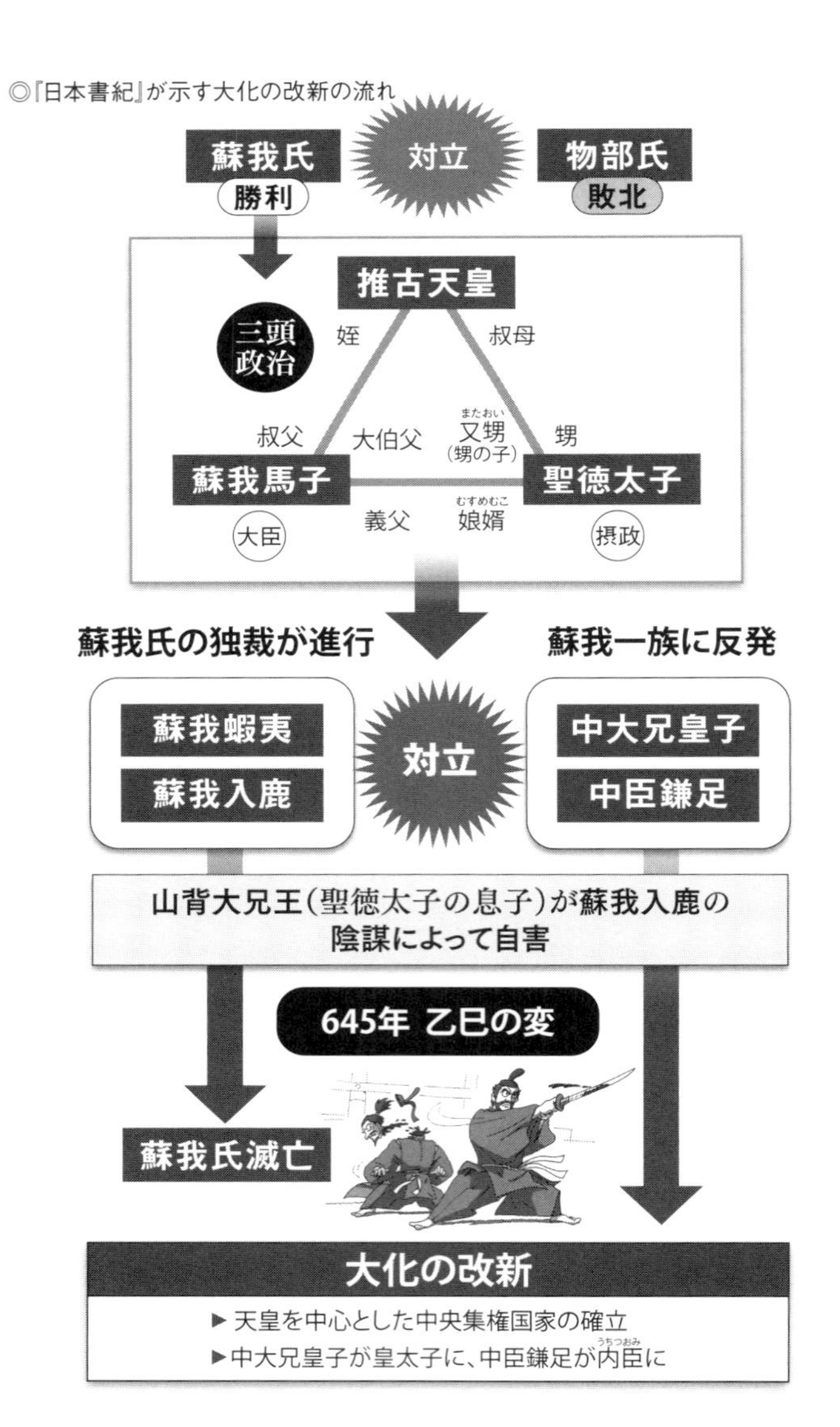

孝徳天皇は蘇我入鹿が生前に計画していた難波遷都を実行に移し、律令制度導入に向かってつき進むが、中大兄皇子と中臣鎌足の執拗なテロ、要人暗殺によって、改革事業は頓挫するのである。

律令制度は、律（刑法）と令（行政法）の明文法による統治システムだが、土地制度も兼ねていた。法律を制定して、すぐに律令制度が整うわけではない。豪族たちが私有していた土地と民をいったん国（天皇）があずかり、戸籍をつくり、農地を民に公平に分配し、豪族たちに相応の役職をつける。この作業こそ、律令整備をするうえで最大の難関だったのだ。私有する土地と民によって権益を守られてきた豪族たちが、簡単に利権を手放すはずがなかった。

そして、古代最大の地主だった物部氏の首に誰が鈴をつけるかが大問題となり、当然、改革事業の旗振り役の蘇我氏が対応し、物部守屋と蘇我馬子の争いが生じたと思われる。物部氏と蘇我氏対立の原因は、外交、内政、多岐に渡っていたのである。

しかし、このの ち徐々に律令整備に向けてヤマト政権が歩み始めたのは事実で、物部氏が蘇我氏の説得に耳を傾けなければ、ありえない話だった。事実、『元興寺伽藍縁起幷流記資財帳(えんぎならびにるきしざいちょう)』には、正体不明の女傑(大々王とある。おそらく物部系か)の活躍によって、蘇我氏と物部氏が和解するシーンが描かれている。

それでも、抵抗勢力は全国に存在したはずで、中大兄皇子と中臣鎌足は、彼らの力を結集し、蘇我本宗家打倒をなし遂げたのだろう。

ただし、くどいようだが、政権交替は、この時点ではお預けとなったのである。

蘇我氏が推していたのは大津皇子

蘇我氏が手がけた改革事業は、孝徳天皇の時代に一歩進んだが、中大兄皇子と中臣鎌足は反動勢力を結集し、孝徳天皇を追い詰めたのだ。孝徳天皇の晩年、中大兄皇子は母(皇極)や他の役人を引き連れ、孝徳天皇を難波長柄豊碕宮(なにわのながらのとよさきのみや)に残し、飛鳥に引き払ってしまう。

孝徳天皇が憤死すると、中大兄皇子は母を玉座につけ(斉明(さいめい)天皇)、傀儡(かいらい)にする

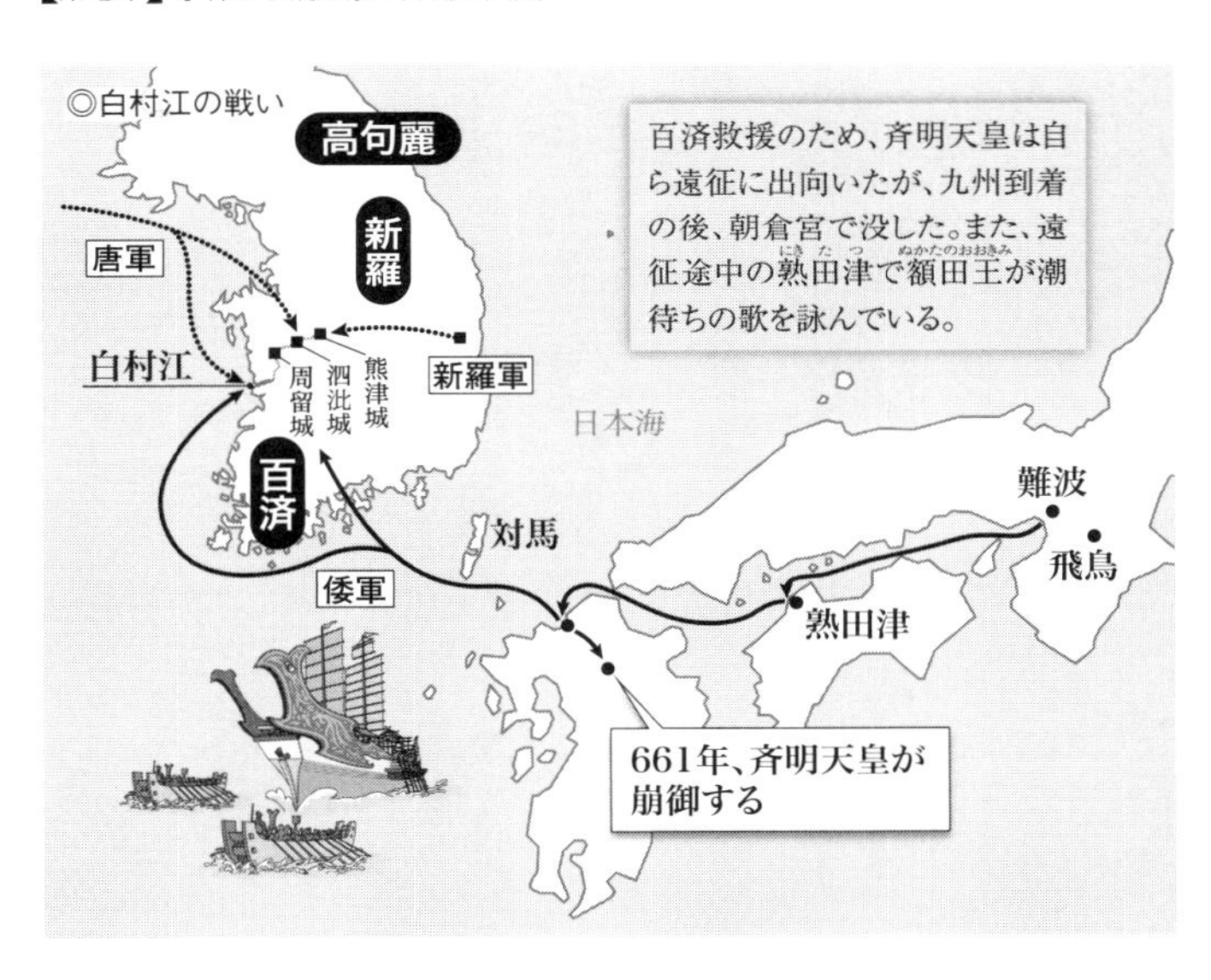

と、中臣鎌足とともに百済救援に邁進したのだ。人々は、「負けるに決まっている」と非難し、飛鳥周辺を城塞化することに、「どうせ造ったそばから壊れるだろう」と罵声を浴びせた。しかし、中大兄皇子は豊璋を本国に帰還させ、そのあと、遠征軍を半島に送り込み、唐と新羅の連合軍の前に大敗北を喫する。これが、白村江の戦い（六六三年）だ。

滅亡の危機に瀕した倭国だが、唐と新羅が高句麗を攻め始めたこと、その後、新羅が唐に反旗を翻したことによって救われた。

この間、中大兄皇子は、人々が「何を

考えているのか」と首をひねるなか、都を近江（おうみ）の大津（おおつ）（滋賀県大津市）に移して即位した（天智（てんぢ）天皇）。天智七年（六六八）のことだ。天智十年（六七一）に天智天皇は亡くなるから、この人物の業績はほぼないに等しい。

また、通説は唐の大軍の脅威から身を守るために、天智天皇は近江に遷都を敢行したと考えられているが、防衛力を考えるなら、ヤマトに留まるべきだった。ならば、なぜ、近江なのか。近江にしても、琵琶湖の西南部の狭隘（きょうあい）な土地を選ぶ必要はどこにあったのだろうか。

天智天皇は、大海人皇子が東国と強く結ばれていたこと、子の大友皇子の時代に大海人皇子が東国に逃れることを想定して、琵琶湖（びわこ）の南端の宇治川（うじがわ）の西側に宮を造り、仮想敵＝東国からの防衛戦にしようと考えたのだろう。しかし、壬申の乱（六七二年）で近江朝に人気はなく、あっという間に敗北したのである。

こうして、親蘇我派の大海人皇子が乱を制し、都は飛鳥に戻された。即位した天武天皇は改革事業を一気に推し進めるために、皇族だけで統治する極端な独裁体制を敷いた（皇親政治）。もちろん、律令制度が整えば、権力は豪族（貴族）に戻すという約束があったはずだ。

しかし、志半ばで天武天皇が亡くなったところで、もう一度、逆転劇が待っていたのだ。

『日本書紀』は、「皇太子は鸕野讃良の子の草壁皇子」といっているが、本当にそうだろうか。草壁皇子の最大のライバルで鸕野讃良が謀反の嫌疑をかけて殺してしまった大津皇子こそ、皇位継承候補だったのではあるまいか。

『万葉集』は、大津皇子と草壁皇子、石川郎女の三角関係の歌を載せ、石川郎女が草壁皇子を袖にしていたと記録する。この石川郎女の正体が杳としてつかめていない。現実にはありえないほど長い年月にわたって、数々の殿方を誘惑し、恋の歌を交わしている。この女性は実在しなかったのではあるまいか。奈良時代以降、蘇我氏は「石川」を名乗っていくが、石川郎女は「蘇我」を暗示しているのだろう。

要は、**蘇我氏が推していたのは大津皇子で、草壁皇子ではなかったから、鸕野讃良は非情な手段で大津皇子を抹殺し、蘇我氏は憤慨したために草壁皇子即位の芽も摘まれ、足かけ三年の空位の末、草壁皇子は病死してしまったのではあるまいか。**

そして、律令整備が足踏みをしている中途半端な状態を打開すべく、鸕野讚良と高市皇子（たけちのみこ）が、密約を交わし、持統女帝が即位したのではなかったか。

忘れられた石川刀子娘貶黜事件の真相

持統天皇は藤原不比等を大抜擢しつつも、無意味な吉野行幸をくり返し、敵を欺（あざむ）き、挽回の機会を窺（うかが）っていたのだろう。目的は、孫の珂瑠皇子（かるのみこ）（草壁皇子の子、のちの文武天皇）の立太子だ。

高市皇子（たけちのみこ）は持統十年（六九六）七月に急死したようだ。断定できないのは、『日本書紀』が明確に記録していないからだ。「後皇子尊薨（のちのみこのみことみう）せましぬ」とあり、この時代、「尊」の尊称を与えられたのは草壁皇子尊と「後皇子尊」で、これは高市皇子を表していると一般には考えられている。間違ってはいないが、なぜ、「高市皇子尊が亡くなられた」と記録しなかったのだろうか。

しかも、不可解なことに翌年二月、唐突に皇太子を補佐する役人の任命が行なわれている。何が奇妙かというと、立太子の記述がないのに、皇太子がいることになっているからだ。

日本最初の漢詩集『懐風藻（かいふうそう）』に、高市皇子の死の直後に皇位継承者を選ぶ会議が開かれていたことが記録されている。議論は紛糾していたようだ。天武（てんむ）の皇子は大勢いたから、かえって高市皇子の継承者が選びにくくなっていたのかもしれない。そんななか、天智の遺児・葛野王（かどののおおきみ）が、天武系の皇子を威嚇し、脅しのような形で、珂瑠皇子の立太子が決まったと、『懐風藻』は記録する。

「兄弟が皇位を引き継げば、世は乱れる」と葛野王はいい、暗に「持統から珂瑠皇子」の順番を支持したと思われる発言をしている。持統天皇は葛野王の活躍を褒（ほ）め称（たた）えたという。

そして、この経過を『日本書紀』が無視したところに、事件性を感じずにはいられない。持統から天武系の皇子へのバトンタッチは、葛野王のいう「兄弟間の皇位継承」にはあたらない。

だとすれば、やはり高市皇子が太政大臣だっただけではなく、皇太子だった可能性が高い。そして、その死があいまいな形で記録されたのは、不慮の死が暗殺だったからではあるまいか。

いずれにせよ、天武王朝の悲劇は、ここからくり返されていくのだ。

持統十年（六九六）、持統天皇は珂瑠皇子に譲位し、文武天皇が即位する。ただし、この帝は体が弱く、慶雲四年（七〇七）に亡くなってしまったため、このあと、二人の女帝が順番に即位する。それが元明と元正の母子で、文武天皇の幼子・首皇子が即位するまでの中継ぎの意味合いが強かった。

もちろん、すでに述べたように、首皇子は藤原不比等の孫だから、藤原氏の思惑がからんで、女帝が続いたわけだ。ただし、すんなり順当に首皇子の立太子が決まったわけではない。平城京遷都（七一〇年）の三年後に勃発した石川刀子娘貶黜事件がなければ、首皇子は即位できなかっただろう。それにもかかわらず、一般にこの事件がほとんど知られていないのは、『続日本紀』が事件の詳細を語っていないからだろうし、**石川＝蘇我氏が、この時代まで侮れない勢力であり続けたことに注意が払わ**

れていないからである。

文武天皇崩御の六年後の和銅六年（七一三）十一月五日、『続日本紀』にベタ記事が載る。石川氏と紀氏出身の二人の嬪（ひん）（天皇のキサキ）に以後、「嬪」と名乗るなと命じている。もとの文武天皇の妻だったことをいえなくなったという。これを「貶黜」という。

一般的に貶黜される原因は、「近親者の謀反（むほん）」、「密通」、「厭魅呪詛（えんみじゅそ）」だが、はっきりとした理由がわからない。

問題は、**藤原不比等の娘・宮子（みやこ）が、文武天皇との間に首皇子を生んでいたが、石川刀子娘も二人の男子を生んでいて、「家格」からいって、この二人の男子のほうが皇位に近かった可能性が高いことだ。**

そこで、藤原不比等は「貶黜事件」を起こして、「嬪」の資格を奪い、子から皇位継承権を剥奪した可能性が高い。しかも、『続日本紀』は石川刀子娘に子がいたことさえも抹殺している。藤原不比等や藤原氏の手口はせこく、卑怯で残忍だ。

この事件によって、蘇我氏は天皇の外戚の地位から完ぺきに離れたのだ。そして、

藤原氏の一人勝ちの時代が到来する。だから、石川刀子娘貶黜事件は、歴史が転換する大きな事件だったのである。

藤原氏の邪魔になったから一族滅亡に追い込まれた長屋王

藤原氏繁栄の基礎を築いた藤原不比等も亡くなり（七二〇年）、その後、首皇子が即位すると、藤原四子（武智麻呂、房前、宇合、麻呂）が台頭する。そして、高市皇子の遺児・長屋王と対立していくのである。

一般に、長屋王と藤原氏の争いは、「皇親体制を維持しようとした長屋王」と「権力を皇族から奪回したい藤原氏」という図式で語られることが多く、藤原氏が改革派だったかのように説明されている。

長屋王は大豪邸に住み財宝に囲まれ、あぐらをかいた「悪」というイメージで語られ、守旧派の巨魁に仕立て上げられている。しかし、これは大きな誤解だ。

「もう皇親体制は早くやめよう」と主張していたのが長屋王で、「それは困る」と藤原氏は抵抗していたのだ。外戚の地位を手に入れた藤原氏は、「天皇の権力」を悪用したかったのだ。このため、藤原氏は長屋王が邪魔になって、一族もろとも抹殺したのである。

発端になったのは、神亀元年（七二四）二月六日に、「藤原夫人（宮子）を大夫人と呼ぶように」という勅を聖武天皇が発し、長屋王がこれに異を唱えたことだ。長屋王は、次のように訴えた。

「法に従えば、大夫人と呼ぶのはおかしい。本来は皇太夫人と呼ぶべきで、われわれは天皇の命令と法律のどちらを守ればよいのでしょうか」

些末なことのように見える。しかし、なぜ、長屋王がこだわったかというと、理由がある。

藤原不比等が死んだ時、次席の地位にあった長屋王が自動的に朝堂のトップに立ったが、藤原氏は天皇の人事権を悪用し、藤原房前を「内臣」という律令の規定にない地位に押し上げ、天皇から「天皇と同等の権力を与える」という言質をとってしまったのだ。

つまり、律令の規定通り、地道に地位を上げ、出世しても、「天皇の命令」によって何もかもがひっくり返される恐れが出てきたのである。

藤原氏は、「律令制度が整えば、皇親体制はお終いにする」という暗黙の了解を無視し、「都合のよい時だけ、天皇の命令を出してくる」ようになったのだ。だから、長屋王は朝堂のトップにいたのに、「天皇の命令」によって一瞬で藤原房前の風下に立つという苦汁をなめたわけである。

もっとも、長屋王の主張が正論だったために、藤原氏は、ここでいったん折れて、「藤原夫人」をめぐる勅は別の形に変更された。これを藤原房前らは恨み、根にもち、長屋王を潰しにかかったのだ。

天平元年（七二九）二月十日、従七位下いうと無位の最下級の官人が、朝廷に訴え出た。長屋王が密かに左道を学んで国家を傾けようとしているというのだ。「左道」に深い意味はない。「何かよからぬことを考えている」程度と考えてよい。これを受けて朝廷は、東国に抜ける三つの関を固く閉め（これが「三関固守」）、長屋王の館に兵をさし向けた。十一日、使者を送り、長屋王の罪を窮問させた。そして、十二日、長屋王に自尽させ、一家はみな、首をくって亡くなったのである。助かったのは、藤原系のキサキとその子たちだけだった。

訴え出た者は一気に出世したが、のちに「あれは嘘だった」と吐露し、長屋王と親しかった者に殺されている。すべて、藤原氏が仕組んだ陰謀である。長屋王が冤罪で殺されたことは、『続日本紀』も認めている。罪もない一家が道連れになったのは（長屋王も冤罪だが）、あまりにも痛ましい。

結局、この事件から八年後、藤原四子は天然痘の病魔に襲われ、滅亡する。誰もが長屋王の祟りと震え上がったのである。

藤原氏は自分で墓穴を掘った

藤原氏は、外戚の地位を利用して、天皇を傀儡にし、好き勝手をし始めたのだ。律令制度の中では、天皇は太政官（だいじょうかん）が奏上（そうじょう）する案件を追認するだけの存在だが、藤原氏はピンチに追い込まれると、「天皇の命令」という打出（うちで）の小槌（こづち）を振りかざし、政敵を煙に巻いたのだ。

「一刻も早く皇親体制をやめよう」と訴えたのは、「皇親体制側にいた長屋王」であった。天皇の鶴の一声を悪用して、藤原氏はさらに力を蓄えていったのだ。

古代の天皇による統治システムは、「天皇の命令は絶対だが、天皇の命令は天皇自身の意志ではない」ところに大きな意味があった。

ところが、藤原氏は「太政官が権力者」であるとともに、「時どき天皇も権力を行使できる」とあいまいな形にしてしまったのだ。このために、政敵を倒すことができたが、墓穴も掘った。藤原氏や藤原摂関家の箍（たが）がはずれると、天皇は暴走するようになり、藤原氏（平安貴族社会）衰退の原因をつくっていく。それが「院政」の本質でもあった。

平安時代、藤原四子の末裔がそれぞれ一門を束（たば）ね、覇（は）を競った（藤原四家～武智麻呂の南家、房前の北家、宇合の式家、麻呂の京家）。この中で、最終的に他を圧倒し

▲改革者だった菅原道真

▲わが世の春を謳歌した藤原道長

たのは北家で、その中でも摂政（せっしょう）や関白（かんぱく）を出す摂関家が特権を獲得した。藤原道長は、「この世をば我が世とぞ思ふ望月（もちづき）の欠けたることもなしと思へば」と、傲慢な歌を残したが、これが事実だ。国家財政も藤原氏の私財からまかなうほど、藤原氏は私腹を肥（こ）やし、国家そのものになったのだ。

ところが、意外な落とし穴が待ち構えていた。まず、摂関家だけがおいしい思いをする世の中に、他の藤原氏までもが辟易し始めたこと、そして、王家の中にも藤原氏を快く思わない人々が現れたことだ。特に母親が藤原氏でない天皇の場合、反藤原派になりやすかった。菅原道真（すがわらのみちざね）を大抜擢して藤原氏と反目した宇多（うだ）天皇がその典型的な例だ。

そして、その後、母は藤原氏だが摂関家ではないというだけで、摂関家に牙（きば）を剥（む）く天皇が現れた。しかも、譲位して院政を敷いた者（太上天皇（だいじょう））が、絶大な権力を握り、摂関家を慌てさせた。

この院政があまりにも強烈だったがために、史学者は「天皇は権力者なのかどうか」、いまだにはっきりと答えを出せない。

簡単なことだ。**藤原氏は天皇の権力をいざという時のために温存しておいたが、天皇がこれを逆手（さかて）にとり、逆襲をし始めたのだ。**

それにしても、なぜ、譲位した天皇（院）に権力が集中したのか、謎に思えるかもしれない。しかし、このカラクリも単純だった。

天皇の宮の敷地の中に、キサキと一家（実家）が、建物を建てて住む。その中のどの家の子（天皇の子）を即位させるか、天皇自身が譲位することによって、指名できることになる。これは人事権の行使であり、権力で最も重要な意味を持っているのが人事権だから、ここに天皇が実権を握る簡単な方法を天皇（院）自身が発見してしまったのだ。「天皇権力」をワザと温存した藤原氏が、墓穴を掘ったわけである。

藤原貴族社会に復讐した東国と武士

院と摂関家がライバルとなって争っているうちに、武士が台頭してきたのである。武士はもともと、源氏や平氏が関東にさし向けられて強大化したのだが、源氏や平氏は、天皇の子や孫たちが臣籍降下（しんせきこうか）した（皇族ではなくなる）人たちだったのである。

院や摂関家はトラブルが発生すると、源氏や平氏の武力を頼った。武士がそうした内紛を解決しているうちに、「実力で貴族どもを倒せるのではないか」と気づき、実行に移し、その結果、鎌倉幕府が樹立され、藤原貴族社会は一度没落したのである。

ところで、なぜ、源氏や平氏は関東に向かったのだろうか。ここに、東北蝦夷（えみし）征討が関わりをもってくる。

蝦夷征討を本格化させたのは八世紀の藤原氏で、その理由ははっきりしている。藤原氏の政敵が東国と強くつながっていたからだ。

壬申の乱で大海人皇子が東国に逃れただけで大勝利を収めたように、藤原氏にとって、東国は潜在的な脅威だったのだ。だから、都で不穏な動きがあると、平安時代に至るまで、三関固守を行なった。

藤原氏は政敵を無慈悲に抹殺したから恨まれていて、常にクーデターに怯えていたようだ。そこで、東国の力を削ぐために、東北遠征を敢行し、大伴氏ら有力な政敵や関東の軍団を東北に派遣し、「夷をもって夷を制す」形で政敵たちの力を削ぐ策に出たのだ。その東北遠征の拠点が第六章で述べた鹿嶋周辺の水郷地帯だったのである。

東北に遣わされた人々は、みな蝦夷征討の理不尽さを知り抜いていたから、戦意もなく、戦線は膠着し、遠征は長期化した。結局、平安時代に坂上田村麻呂の尽力と阿弖流為の恭順（坂上田村麻呂の助命嘆願も聞き入られず、平安貴族は阿弖流為を殺したが）で収束した。

ところが、蝦夷征討が収束したあと、関東の治安が悪化する。無法地帯となって、

▲ 坂上田村麻呂(左)と田村麻呂が創建したと伝えられる京都・清水寺の境内にある「北天の雄　阿弖流為母禮之碑」

朝廷もお手上げになってしまったのだ。そこに派遣されたのが、源氏と平氏だった。問題は、源氏と平氏が赴いた瞬間、関東は一気に静かになったことだ。まるで魔法のように、みな恭順したのだ。

これには理由がある。

関東の荒くれどもは、藤原の仕掛けた東北蝦夷征討の目的を知っていたから、征討が終わると、遠征軍も解体され、その途端に関東の民はいうことを聞かなくなったのだ。「なぜ、藤原のために命を賭けて戦ってきたのか」という不満が蓄積していて、暴発したわけだ。

源氏と平氏は、「皇族なのに、都にい

られなかった人たち」だった。それは、なぜかといえば、皇族が増えすぎて、財政を圧迫したこと、さらに、天皇のまわりから皇族を減らしたいという藤原氏の思惑があったからだ。「外戚の地位を守りたい」と目論む藤原氏にとって、皇族出身のキサキが増えるということはライバルが増えることを意味していた。

つまり、源氏や平氏は、藤原から煙たがられた人々で高貴な人たちだった。だから、源氏や平氏も都の貴族（藤原氏）を恨み、この思いは関東の人々と共通していたのだ。関東の不満分子も、「源氏と平氏なら、力を合わすことができる」と恭順したのである。

結局、藤原氏は、院と武士という、自ら巻いたタネによって、最後は追い詰められていったわけである。

こうして、貴族社会は没落し、武士の時代が到来する。抑圧されていた人々の生活も、ここで解放されたのだ。

中世は「乱暴な時代」になったが、一方で、「闊達（かったつ）な時代」でもあったのだ。

【第七章】のここがポイント

なぜ、『日本書紀』の古い記述は、あてにならないのだろうか……。それは、八世紀前半の朝廷に確かな記録が残されていなかったからではない。はっきり歴史がわかっていたからこそ、それを残すことはできなかったのだろう。平城京に都が置かれた時代の権力者は藤原氏で、蘇我氏、物部氏、大伴氏ら、藤原氏の政敵がみなヤマト建国で大活躍した名門豪族だったことを隠蔽してしまったのだ。

そして、六世紀以降の歴史記述の中でも、改革派だった蘇我氏をとことん悪役に仕立て上げた。藤原氏に楯(たて)つく者は、たとえ皇族であろうとも、容赦なく抹殺していったのだ。

『日本書紀』は、この藤原氏の悪行をことごとく隠し、あるいは正当化した。古代史に謎が多かったのは、これら藤原氏の「犯罪ともいえる歴史改竄(かいざん)」の真相がつかめなかったからだ。

しかし、藤原氏の手口を知れば、古代史は、面白いように解けてくるのだ。

【著者】

関 裕二（せき・ゆうじ）

歴史作家。1959年千葉県柏市生まれ。独学で古代史を学ぶ。

1991年に衝撃的なデビュー作『聖徳太子は蘇我入鹿である』を発表以来、意欲的に古代をテーマにした執筆活動を続けている。

著書には『古代史 不都合な真実』『闇に葬られた古代史』『謎解き「日本書紀」誰が古代史を塗り替えたのか』『なぜ「万葉集」は古代史の真相を封印したのか』『裏も表もわかる日本史 古代編』（以上、実業之日本社）のほか、『物部氏の正体』『蘇我氏の正体』『藤原氏の正体』（以上、新潮文庫）、『「天皇家」誕生の謎』（講談社+α文庫）、『源氏と平家の誕生』（祥伝社新書）、『台与の正体』（河出書房新社）など。斬新な切り口で意欲作を多数発表している。

企画・進行…廣瀬和二　湯浅勝也　高橋栄造　永沢真琴
販売部担当…杉野友昭　西牧孝　木村俊介
販売部…辻野純一　薗田幸浩　亀井紀久正　平田俊也　鈴木将仁
営業部…平島実　荒牧義人
広報宣伝室…遠藤あけ美　高野実加
メディア・プロモーション…保坂陽介
FAX : 03-5360-8052　Mail : info@TG-NET.co.jp

仕組まれた古代の真実（しくまれたこだいのしんじつ） ～いっきにわかる！ 古代史のミカタ

2019年 7月25日　初版第1刷発行

著　者　関　裕二
発行者　廣瀬和二
発行所　辰巳出版株式会社
〒160-0022
東京都新宿区新宿 2丁目15番14号　辰巳ビル
TEL　03-5360-8960（編集部）
TEL　03-5360-8064（販売部）
FAX　03-5360-8951（販売部）
振替　00180-0-705733
URL　http://www.TG-NET.co.jp

印刷・製本　大日本印刷株式会社

ISBN978-4-7778-2283-6 C0021